T0013208

¿Sabías qué?

Animales

Derek Harvey

DK

Autor Derek Harvey

DK LONDRES
Edición del proyecto Sam Priddy
Diseño Lucy Sims
Edición Katy Lennon, Olivia Stanford
Diseño adicional Emma Hobson
Edición ejecutiva Laura Gilbert
Edición ejecutiva de arte Diane Peyton Jones
Preproducción Nikoleta Parasaki
Producción Srijana Gurung
Dirección de arte Martin Wilson
Dirección editorial Sarah Larter
Dirección de ediciones Sophie Mitchell

DK NUEVA DELHI
Edición del proyecto Suneha Dutta
Edición Ishani Nandi
Asistencia a la edición de arte Kartik Gera
Edición de arte Nehal Verma
Edición sénior Shatarupa Chaudhuri
Edición sénior de arte Nishesh Batnagar
Edición ejecutiva Alka Thakur Hazarika
Edición ejecutiva de arte Romi Chakraborty
Maquetación Bimlesh Tiwary, Syed Md Farhan
Dirección de CTS Balwant Singh
Dirección de producción Pankaj Sharma
Documentación gráfica sénior Sumedha Chopra

Edición en español
Coordinación editorial Cristina Gómez de las Cortinas
Asistencia editorial y producción Eduard Sepúlveda

Servicios editoriales Tinta Simpàtica
Traducción Ismael Belda

Publicado originalmente en Gran Bretaña en 2016
por Dorling Kindersley Limited
DK, One Embassy Gardens, 8 Viaduct Gardens,
Londres, SW11 7BW
Parte de Penguin Random House

Título original: *Why? Animals*
Primera reimpresión: 2023

ISBN: 978-0-7440-6451-3

Impreso y encuadernado en China

Para mentes curiosas

www.dkespañol.com

Este libro se ha impreso con papel certificado por el Forest Stewardship Council™ como parte del compromiso de DK por un futuro sostenible. Para más información, visita www.dk.com/our-green-pledge

Contenidos

Mamíferos

Aves

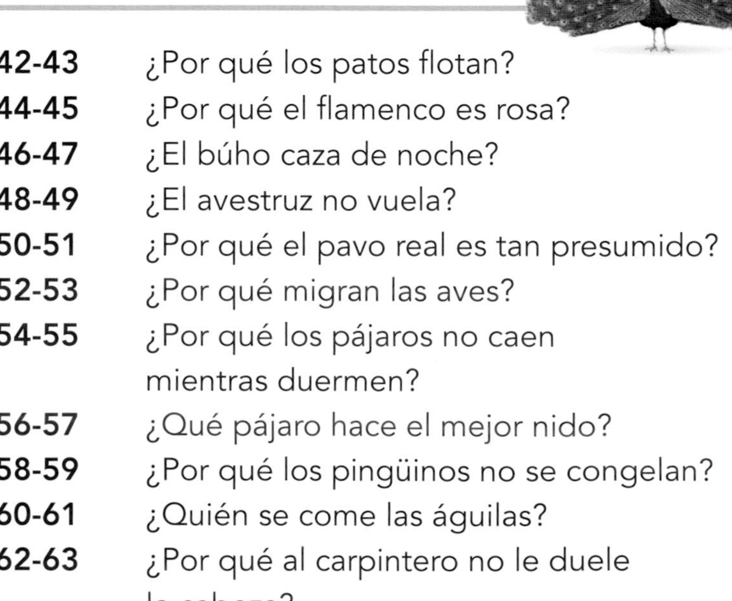

Bajo el agua

Insectos y más

Reptiles y anfibios

Descubre qué colores distingo en las páginas 34-35.

Conoce cómo camino por las paredes en las páginas 114-115.

Mamíferos

Los mamíferos son animales de sangre caliente que suelen estar cubiertos de pelo. Las crías se alimentan de la leche que producen sus madres.

¿Por qué los lobos van en manadas?

Los lobos son hábiles depredadores. Tienen dientes afilados, una fuerte mordida y son increíblemente astutos. Pero, sobre todo, trabajan en equipo. Los lobos actúan en manadas para poder cazar presas grandes.

? ¿Lo sabes?

1. ¿Cuántos lobos hay en una manada?
2. ¿Qué ocurre cuando dos manadas se encuentran?
3. ¿Por qué los lobos aúllan al cielo?

Respuestas en las páginas 134-135.

Expresiones

Para comunicarse con otros miembros de la manada, los lobos usan expresiones faciales, además de olor y sonidos.

Los lobos pueden abatir presas tan grandes como un alce.

¿Qué otros animales cazan en grupo?

Los leones

La mayoría de los felinos cazan solos, pero las leonas trabajan en equipo. Juntas, acechan a su presa desde varios lugares, así que cuando finalmente esta sale corriendo, es muy probable que se tope con una de ellas. El resto ayuda a derribar la presa y se la comen allí mismo.

Las ballenas jorobadas

Grupos de ballenas jorobadas circulan bajo cardúmenes de peces pequeños y crean una «red» de burbujas para que se aprieten unos con otros. Después, las ballenas nadan hacia arriba y comen gran cantidad de peces de una sola vez.

¿Por qué los tigres tienen rayas?

Las rayas oscuras de un tigre ayudan a difuminar su silueta entre la hierba y los árboles que lo rodean. Al estar bien camuflados contra el fondo, los tigres pueden acercarse mucho a su objetivo sin ser vistos, por lo que un rápido salto les basta para atrapar la cena.

¿Puedes ver los animales ocultos?

Dragón de mar foliado
Este pez, pariente de los caballitos de mar, tiene aletas en forma de hoja, por lo que se camufla perfectamente entre las algas.

Geco cola de hoja
La piel de este lagarto se parece mucho a la corteza de un árbol. Si se queda quieto en una rama, puede atrapar insectos desprevenidos.

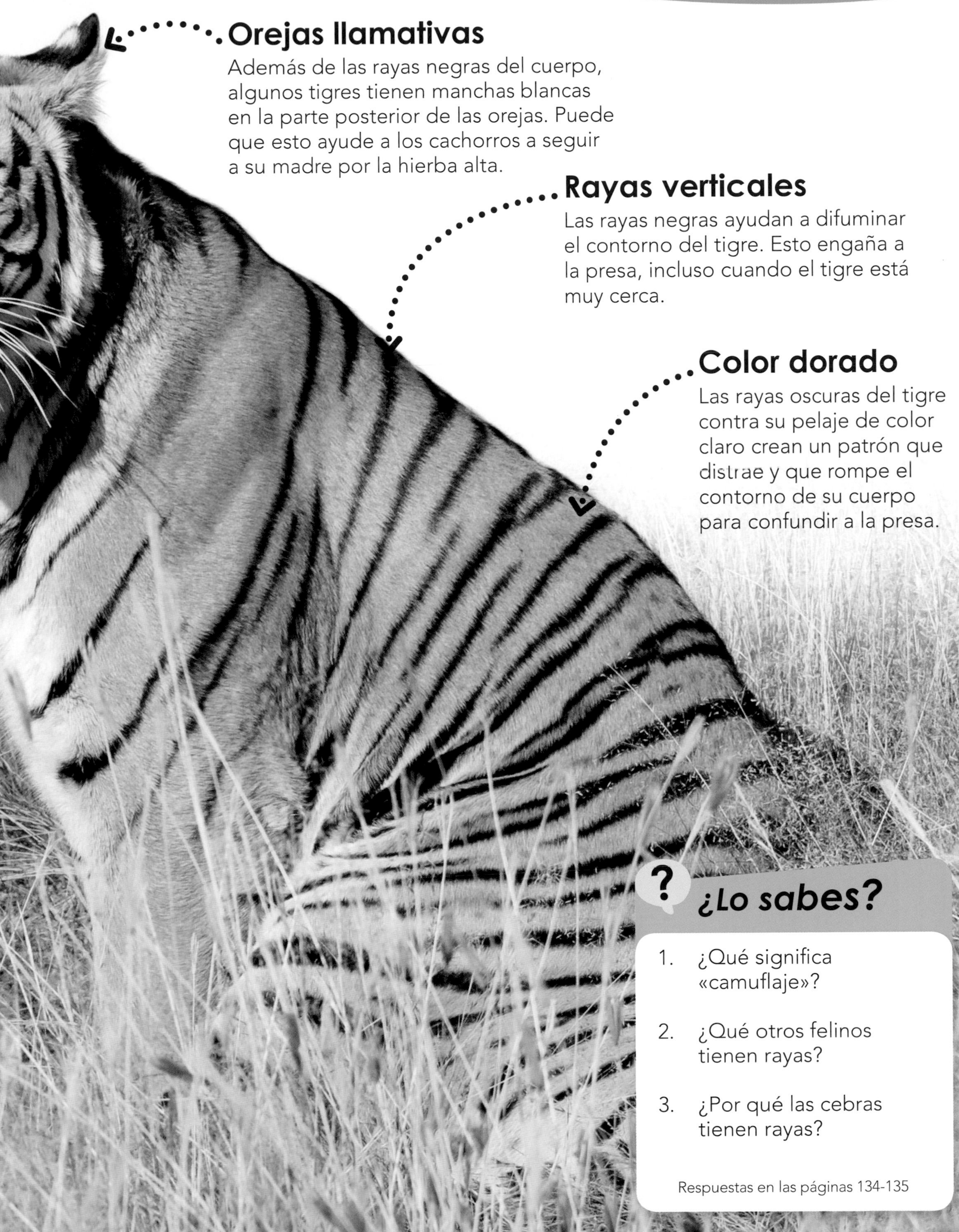

Orejas llamativas

Además de las rayas negras del cuerpo, algunos tigres tienen manchas blancas en la parte posterior de las orejas. Puede que esto ayude a los cachorros a seguir a su madre por la hierba alta.

Rayas verticales

Las rayas negras ayudan a difuminar el contorno del tigre. Esto engaña a la presa, incluso cuando el tigre está muy cerca.

Color dorado

Las rayas oscuras del tigre contra su pelaje de color claro crean un patrón que distrae y que rompe el contorno de su cuerpo para confundir a la presa.

¿Lo sabes?

1. ¿Qué significa «camuflaje»?
2. ¿Qué otros felinos tienen rayas?
3. ¿Por qué las cebras tienen rayas?

Respuestas en las páginas 134-135

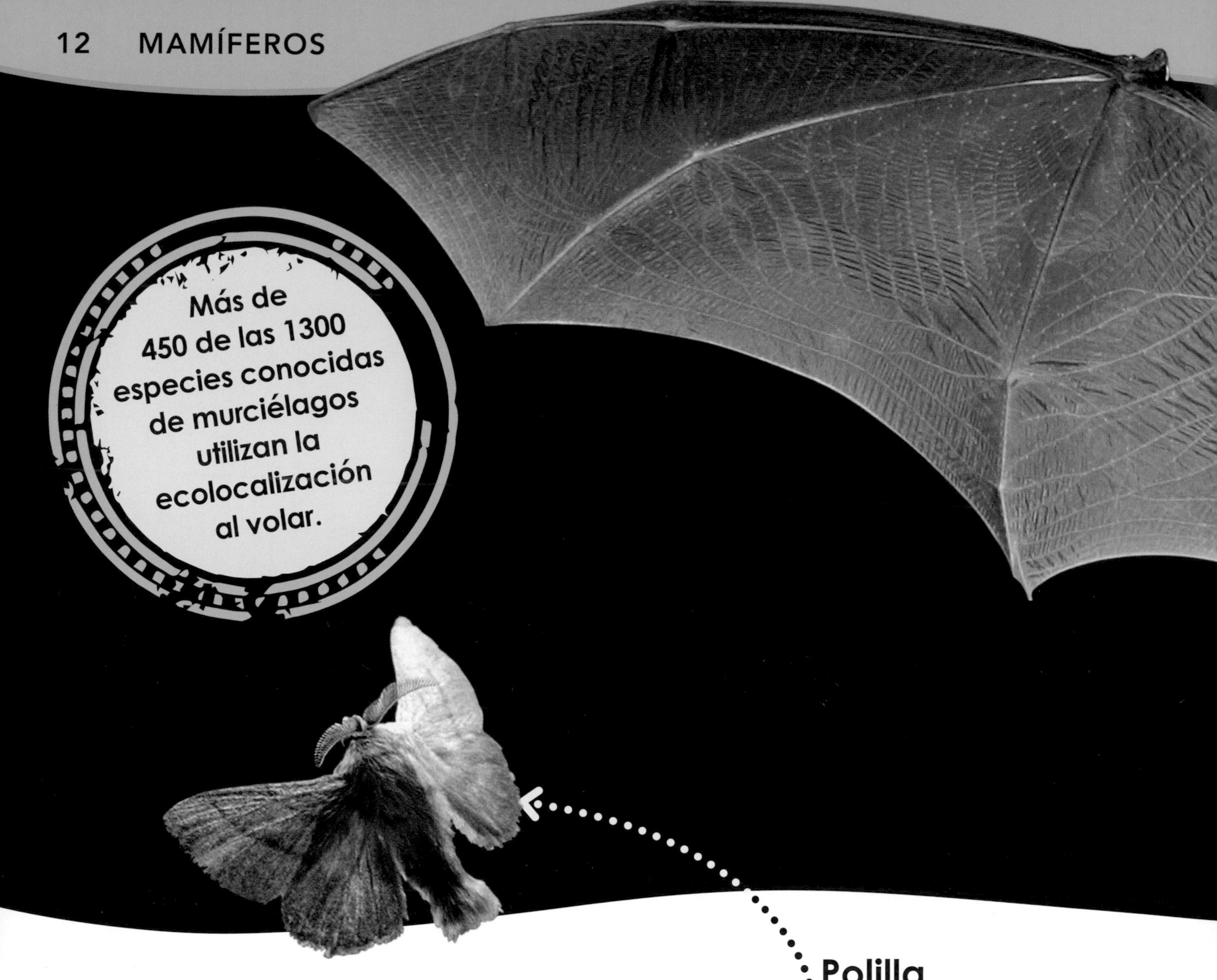

Polilla

Cazan todo tipo de insectos, pero las gordas polillas son un alimento muy abundante.

¿Cómo ve el murciélago?

Los murciélagos vuelan de noche y a muchos de ellos les gustan los insectos voladores. Pero ¿cómo encuentras tu cena en el aire si no la ves ni la oyes? El truco es dar un chasquido y escuchar el eco que rebota en la presa. Esto se llama «ecolocalización».

? ¿Lo sabes?

1. ¿Ven los murciélagos?
2. ¿Cómo producen sus chasquidos?
3. ¿Todos los murciélagos se alimentan a base de insectos?

Respuestas en las páginas 134-135

Cómo funciona la ecolocalización

El sonido del murciélago es tan agudo que no podemos oírlo. Pero sus oídos son capaces de detectar el eco que rebota en los insectos voladores y en otros obstáculos.

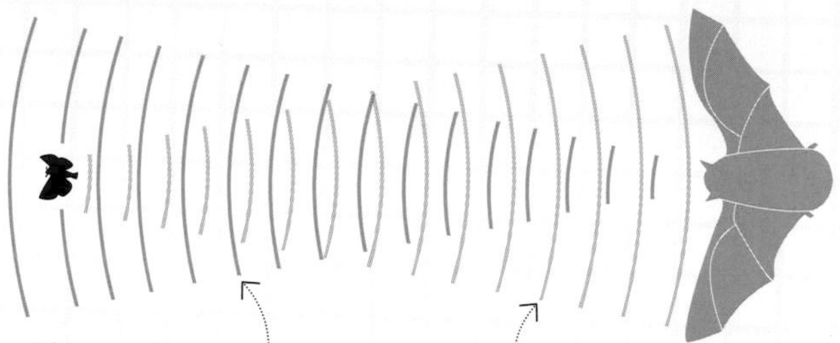

Chasquido del murciélago

El eco rebota en la polilla

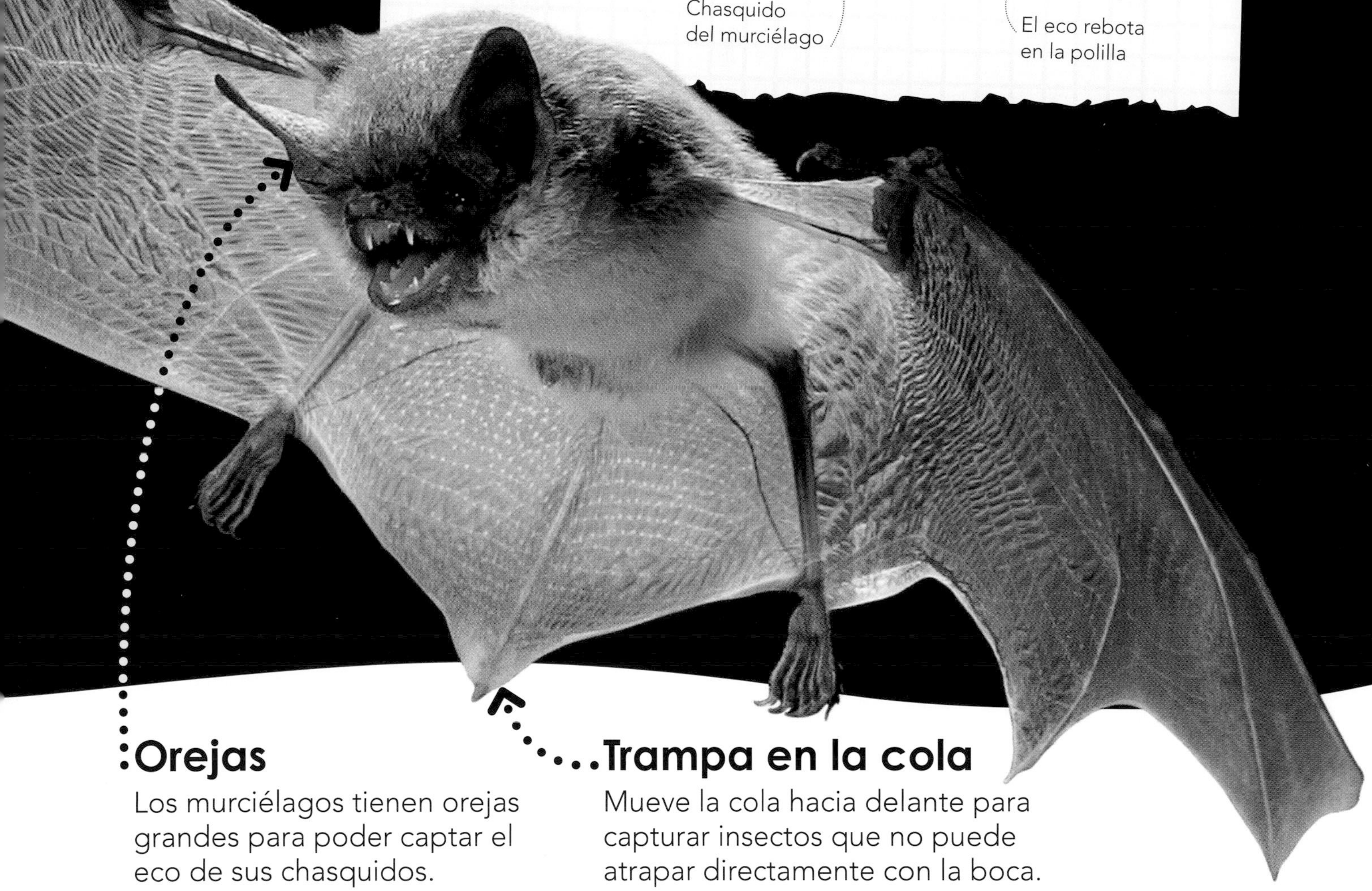

Orejas

Los murciélagos tienen orejas grandes para poder captar el eco de sus chasquidos.

Trampa en la cola

Mueve la cola hacia delante para capturar insectos que no puede atrapar directamente con la boca.

¿Hay otros animales que usan ecolocalización?

Los delfines

Los delfines producen silbidos y chasquidos en unos sacos de aire debajo de su espiráculo. Los sonidos los ayudan a comunicarse entre sí, y también sirven para la ecolocalización en aguas turbias. Los delfines escuchan los chasquidos que rebotan en los peces.

Los guácharos

Estas aves pasan el día durmiendo en cuevas, pero de noche se despiertan y usan la ecolocalización. Los ecos de sus chasquidos en la oscuridad ayudan a prevenir colisiones en el aire con otros guácharos cuando emergen de la cueva para comer fruta.

¿Qué es un colmillo?

Imagina que tus dientes siguieran creciendo hasta salir de tu boca. Los colmillos de la morsa son caninos extragrandes que crecen hacia abajo desde la mandíbula superior y luego se curvan hacia atrás. Como los del elefante, están hechos de una dura sustancia llamada «marfil».

Los colmillos de elefante son los dientes más grandes de todos los animales.

¿Todos tienen la misma forma?

Babirusa

La babirusa es un cerdo tropical con colmillos grandes y curvados que crecen hacia arriba desde la mandíbula inferior.

Narval

La mayoría de los colmillos son curvos y crecen en pares, pero el narval (pariente de los delfines) tiene uno solo recto.

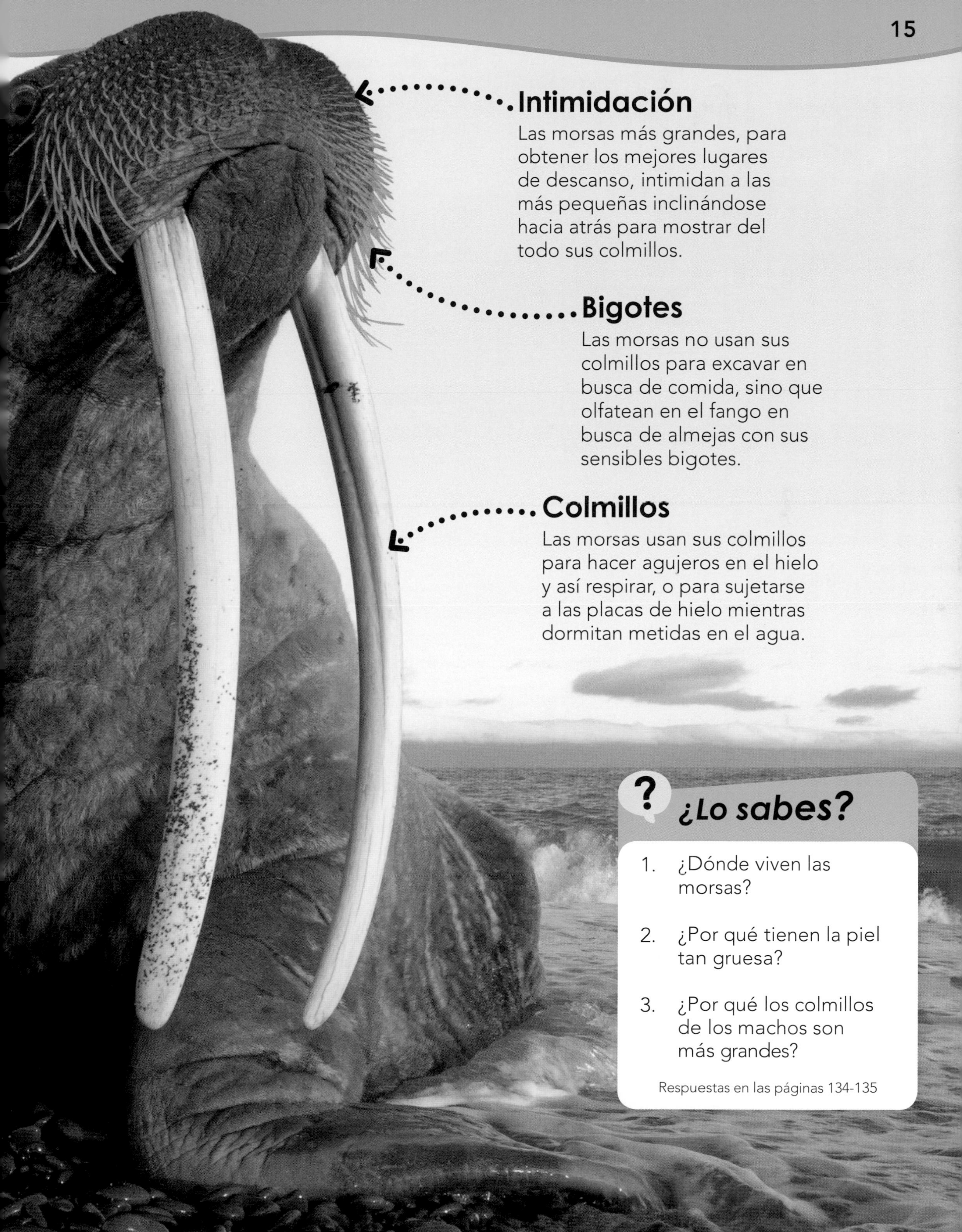

Intimidación

Las morsas más grandes, para obtener los mejores lugares de descanso, intimidan a las más pequeñas inclinándose hacia atrás para mostrar del todo sus colmillos.

Bigotes

Las morsas no usan sus colmillos para excavar en busca de comida, sino que olfatean en el fango en busca de almejas con sus sensibles bigotes.

Colmillos

Las morsas usan sus colmillos para hacer agujeros en el hielo y así respirar, o para sujetarse a las placas de hielo mientras dormitan metidas en el agua.

¿Lo sabes?

1. ¿Dónde viven las morsas?
2. ¿Por qué tienen la piel tan gruesa?
3. ¿Por qué los colmillos de los machos son más grandes?

Respuestas en las páginas 134-135

¿Las jirafas se marean al agacharse?

Cuando nos agachamos rápidamente y volvemos a incorporarnos, podemos marearnos por la repentina afluencia de sangre al cerebro. Como las jirafas son tan altas, tienen vasos sanguíneos especiales en el cuello para evitar que esto ocurra.

De corazón

Necesitan un corazón enorme para bombear sangre hacia arriba por su largo cuello.

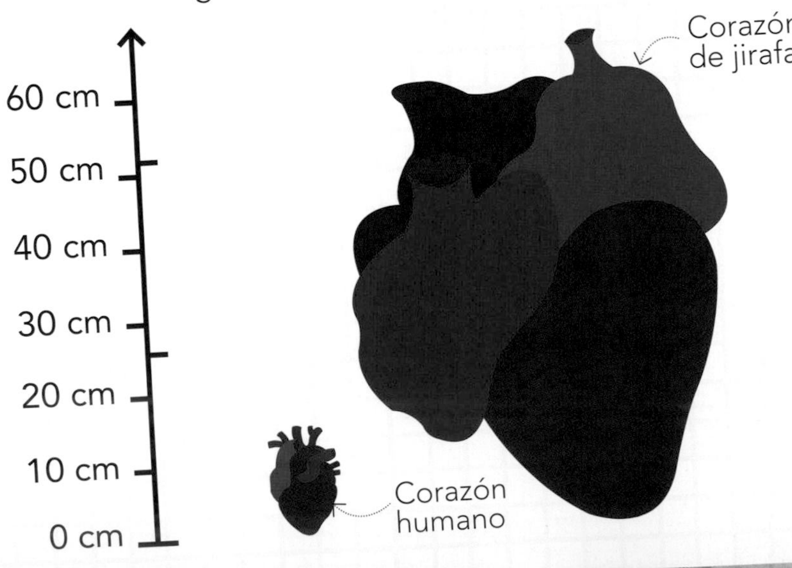

Una jirafa puede llegar a medir 6 m, lo que la convierte en el animal terrestre más alto.

¡Qué imagen!

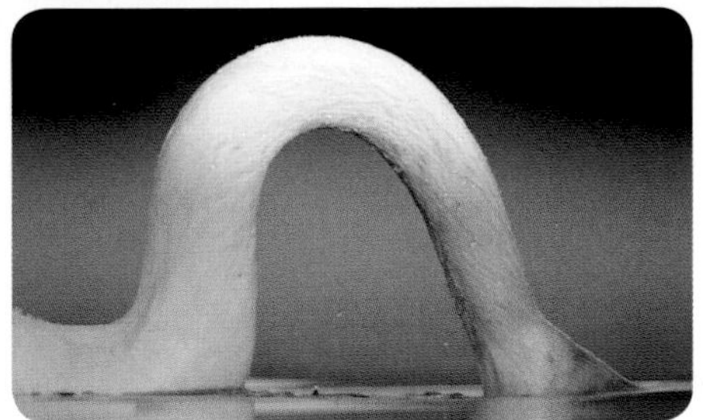

¿Qué animal de cuello largo es este?

Respuesta en las páginas 134-135

Cuello largo

Cuando la cabeza de la jirafa está abajo, unas válvulas especiales de sus vasos sanguíneos se cierran para evitar que la sangre descienda demasiado rápido e inunde el cerebro.

Parte de atrás

Una red de pequeños tubos en la base del cráneo de la jirafa actúa como una esponja para reducir el flujo adicional de sangre cuando tiene la cabeza bajada.

Patas largas

Las patas de una jirafa son tan largas que debe estirarlas hacia fuera para que la cabeza llegue al suelo al beber.

¿Por qué algunos animales tienen el cuello largo?

Gerenuc

Esta gacela africana llega hasta las hojas estirando su largo cuello y poniéndose de pie sobre sus patas traseras.

Gorgojo jirafa

Los gorgojos jirafa machos usan su largo cuello para luchar entre sí al competir por una pareja.

¿Ponen huevos los mamíferos?

La mayoría de los mamíferos dan a luz crías vivas, pero algunos ponen huevos (se conocen como monotremas), como los ornitorrincos y los equidnas de Australia y Nueva Zelanda. Mantienen sus huevos calientes hasta que nacen las crías, ciegas y sin pelo. Después, la madre los alimenta con leche como otros mamíferos.

Huevos y tamaños

Los huevos de ornitorrinco suelen tener menos de la mitad del tamaño de un huevo de gallina medio. Las crías nacen unos 10 días después de la puesta.

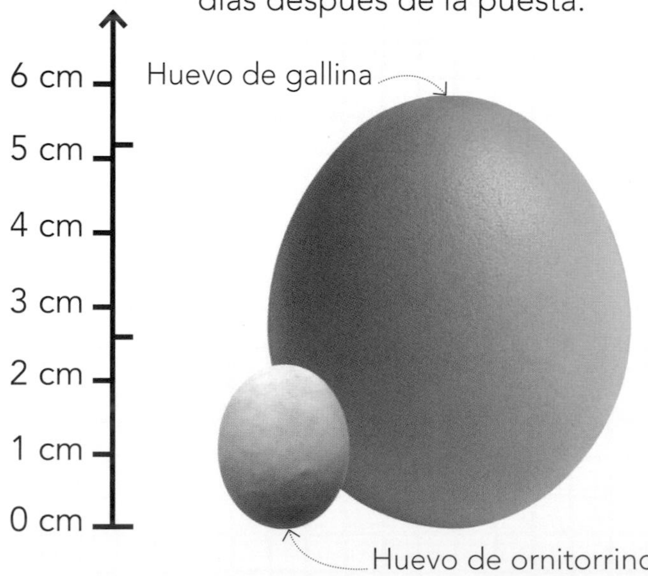

Pico de pato

El ornitorrinco tiene un pico gomoso con el que come gusanos y camarones. Las hembras necesitan alimentarse para tener suficiente energía y producir leche para sus crías.

Patas

El ornitorrinco tiene las patas palmeadas. El macho tiene un espolón venenoso, para defenderse y competir por la pareja.

¿Cómo cuidan de sus crías otros mamíferos?

Marsupiales

La mayoría de los marsupiales tienen a sus crías en una bolsa o marsupio. Las crías son pequeñas al nacer: un canguro recién nacido es del tamaño de un cacahuete. Permanecen en la bolsa de su madre y maman para ponerse fuertes.

Placentarios

Los placentarios, como los cerdos, crecen en el útero de la madre antes de nacer. Las madres desarrollan una placenta, un órgano especial que da alimento a la cría mientras está en el útero.

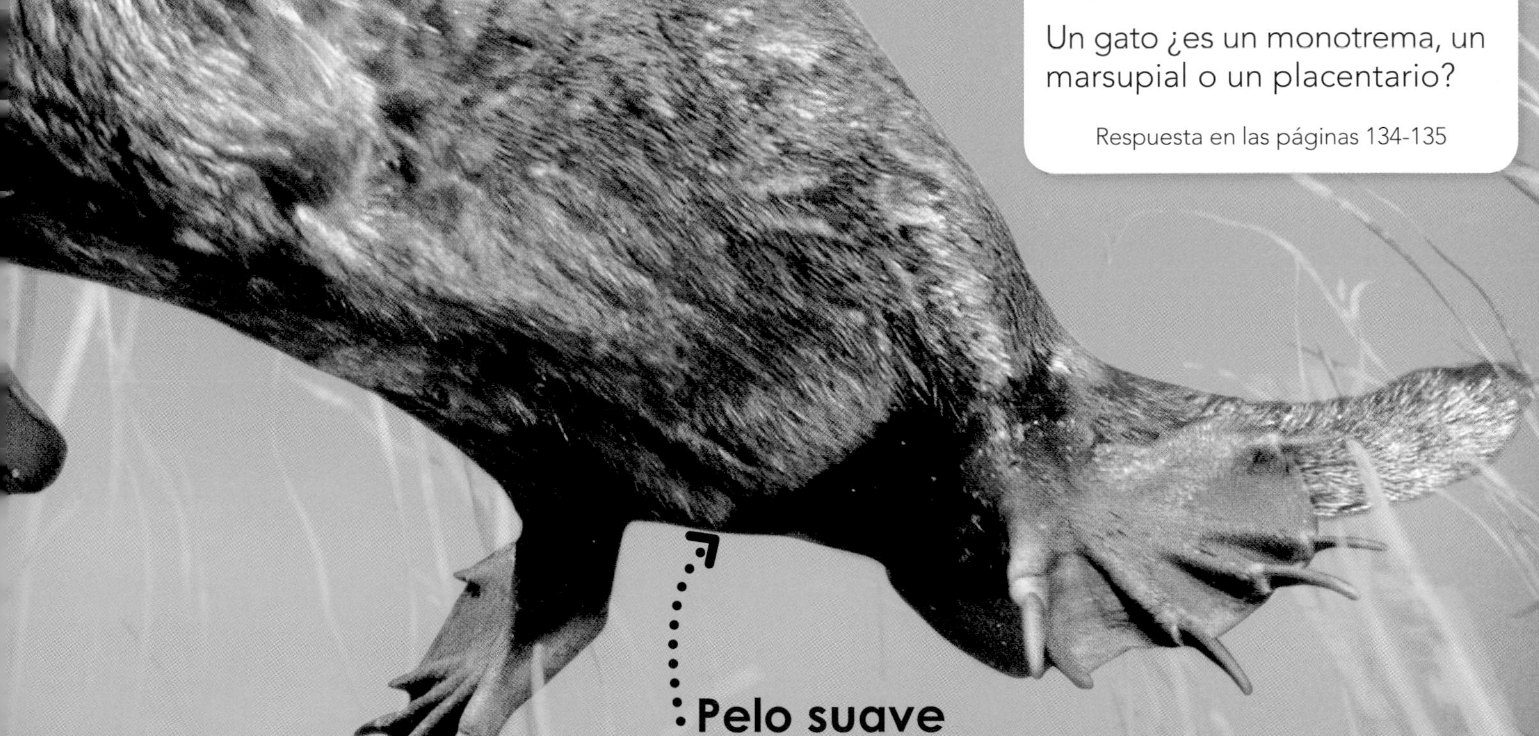

¿ ¡Qué imagen!

Un gato ¿es un monotrema, un marsupial o un placentario?

Respuesta en las páginas 134-135

Pelo suave

Una capa de pelo corto e impermeable mantiene a los ornitorrincos y a sus huevos calientes en su madriguera junto a la orilla.

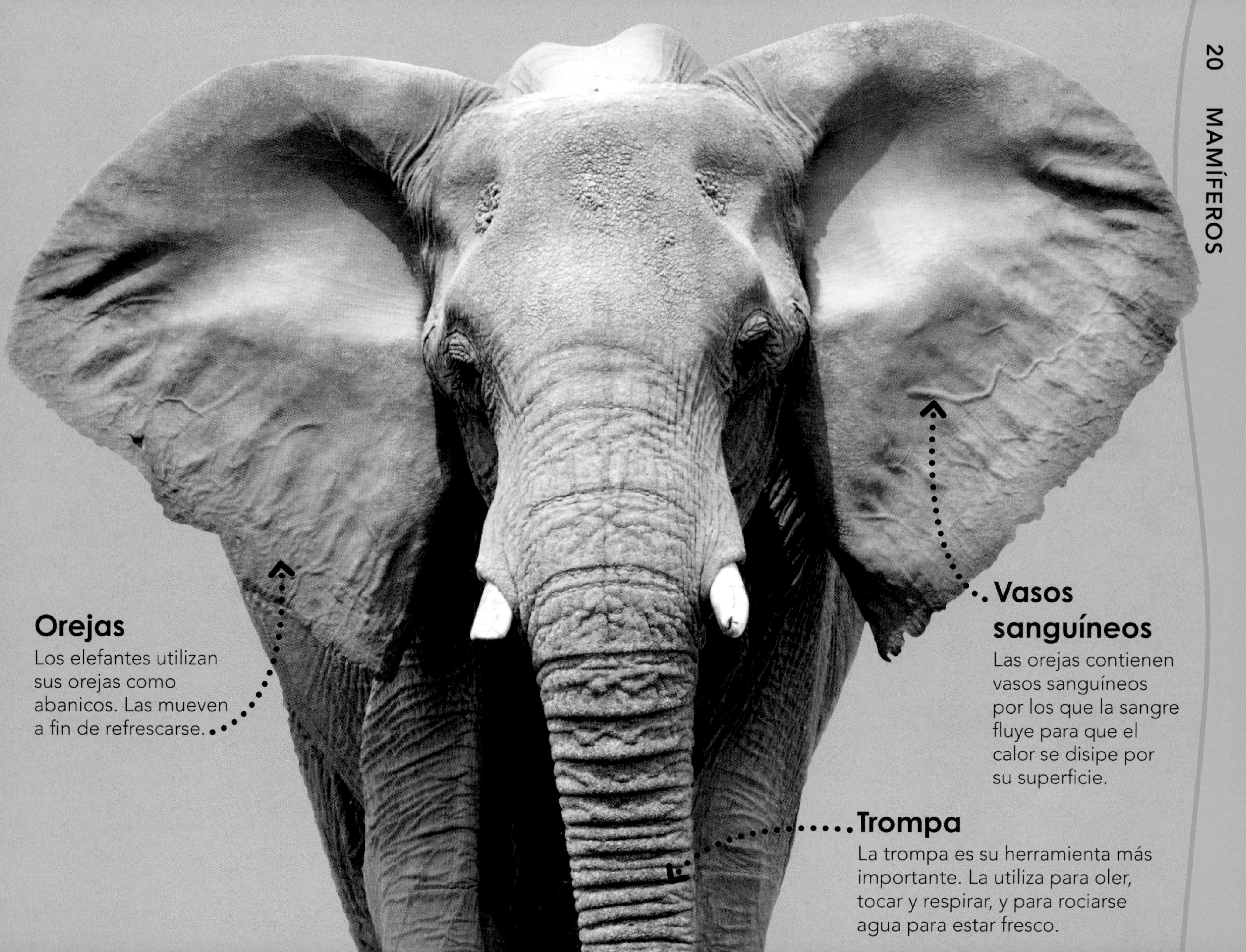
Orejas
Los elefantes utilizan sus orejas como abanicos. Las mueven a fin de refrescarse.
Vasos sanguíneos
Las orejas contienen vasos sanguíneos por los que la sangre fluye para que el calor se disipe por su superficie.
Trompa
La trompa es su herramienta más importante. La utiliza para oler, tocar y respirar, y para rociarse agua para estar fresco.

¿Lo sabes?

1. ¿Dónde viven los elefantes?
2. ¿Cuánto vive un elefante?
3. ¿Qué es una elefanta matriarca?

Respuestas en las páginas 134-135

¿Por qué los elefantes tienen esas orejas?

Los elefantes, al ser los animales terrestres más grandes, pueden calentarse mucho bajo el sol tropical. Las enormes orejas del elefante africano le ayudan a perder parte del calor que genera su enorme cuerpo.

¿Cómo se refrescan otros animales?

Rinoceronte indio
No hay nada como revolcarse en barro fresco. A los grandes mamíferos de piel gruesa, como el rinoceronte, le parece una buena forma de escapar del calor.

Lagarto del desierto
Este lagarto africano realiza acrobacias para evitar quemarse los pies en la arena, abrasadora por el sol. Levanta las patas alternativamente, por lo que cada pata toca poco tiempo la superficie.

¿Qué hay en la joroba del camello?

En el desierto cuesta encontrar comida y agua, pero los camellos están bien adaptados. Sus jorobas contienen suficiente grasa para mantenerlos con vida hasta 3 semanas. El agua tampoco es un problema. Cuando tiene oportunidad, un camello puede beberse en 10 minutos el agua que cabría en una bañera.

Pestañas

Las tormentas de arena son comunes en el desierto, y sus largas pestañas evitan que la arena les entre en los ojos.

Fosas nasales

Para evitar que les entre arena en la nariz, ¡los camellos pueden cerrar las fosas nasales!

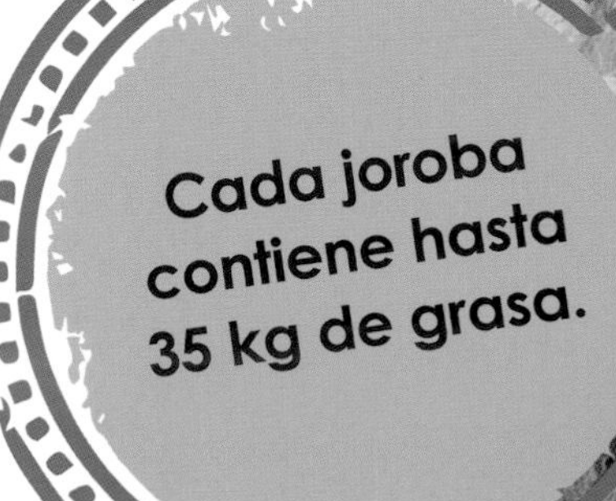

¿Qué animales sobreviven más tiempo sin comer?

Cocodrilos

Los cocodrilos pueden devorar presas enormes y digerir incluso huesos, cuernos y pezuñas. Una gran comida como esa puede mantenerlos durante meses antes de que tengan que matar de nuevo.

Proteos

Esta extraña salamandra blanca vive en las frías y oscuras aguas de las cuevas europeas. Puede pasar años sin comer y vive más de 100 años.

Jorobas blandas

Si el camello deja de comer, comienza a usar la grasa almacenada en sus jorobas, ¡que quedan blandas! Cuando vuelve a comer, la grasa de las jorobas aumenta de nuevo.

Jorobas normales

Jorobas blandas

Jorobas

Los camellos bactrianos tienen dos jorobas y los dromedarios solo una.

¿Cierto o falso?

1. Los camellos obtienen agua de sus jorobas.
2. En Australia hay muchos camellos.
3. Los camellos se defienden escupiendo.

Respuestas en las páginas 134-135

¿El puercoespín dispara espinas?

No puede disparar sus espinas, pero en realidad no lo necesita. Un puercoespín enfadado puede embestir hacia atrás y disuadir incluso a los depredadores más hambrientos. Además, sus espinas pueden soltarse y clavarse en cualquiera que se acerque demasiado.

¡Qué imagen!

¿Qué animal ha discutido con un puercoespín?

Respuesta en las páginas 134-135

Cauteloso

Incluso un león tiene cuidado con los pinchos del puercoespín. Una sola de sus púas produce un doloroso aguijonazo.

¿Qué otros animales tienen tácticas de defensa?

La mofeta

Las mofetas tienen marcas blancas y negras que advierten a los depredadores de que es mejor que se alejen. Si un animal se acerca demasiado, puede llevarse una desagradable sorpresa. Al sentirse amenazada, la mofeta arroja un líquido apestoso por unas glándulas cercanas a su trasero. Puede apuntar a los ojos para cegar a su atacante.

El armadillo

Un armadillo no puede luchar contra sus oponentes si lo atacan, pero tiene placas óseas debajo de la piel que forman un escudo sobre su espalda y su cabeza. Algunos armadillos pueden enrollarse y formar una bola sin fisuras para que incluso su blando vientre quede protegido.

¡Las espinas de puercoespín pueden matar! Un león puede morir por la herida de una espina infectada.

Hinchado

Un puercoespín puede erizar sus espinas igual que muchos mamíferos erizan el pelo. Así parece más grande y peligroso.

Alarma

Las espinas del puercoespín son huecas, así que al sacudirlas suena un fuerte sonido de advertencia.

¿Cómo se columpian los monos en las ramas?

Los monos usan sus manos y pies prensiles para trepar, pero no todos tienen las habilidades necesarias para columpiarse de rama en rama. Algunos monos de América del Sur, como el mono araña, se ayudan con su cola prensil, que funciona como una quinta extremidad y les permite colgarse de las altas ramas y balancearse para saltar a otras ramas alejadas.

Los monos araña se llaman así por su cola y sus extremidades, que recuerdan las de una araña.

Cola prensil

La cola del mono araña es prensil, lo que significa que la usa para agarrarse. Tiene una zona de piel desnuda, del tamaño de la palma de una mano, para agarrarse mejor.

Brazos largos

Los monos araña tienen brazos largos para colgarse de las ramas. Esto los hace más acrobáticos que otros monos.

¿Qué animales van de rama en rama de manera diferente?

Los gibones
Los gibones, en el sudeste asiático, son los reyes del balanceo. Usan sus manos en forma de gancho y sus brazos para balancearse e impulsarse de rama en rama.

Los sifacas
Este lémur de Madagascar tiene fuertes extremidades para saltar de árbol en árbol y agarrarse a los troncos con las manos. Mantiene el equilibrio con la cola.

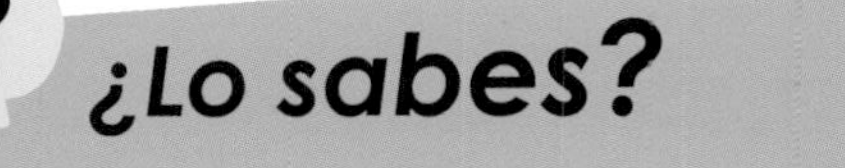

Dedos largos
Los monos araña tienen dedos largos para agarrarse de las ramas. Además, en cada pie tienen un pulgar que también puede agarrar.

¿Lo sabes?

1. ¿Todos los monos tienen una cola prensil?
2. ¿Quién se balancea más deprisa de rama en rama?
3. ¿Cómo se agarran tan bien las manos de los monos?

Respuestas en las páginas 134-135

¿Por qué el león tiene dientes afilados?

Los animales que comen carne necesitan dientes afilados como cuchillos. Los dientes de los leones pueden perforar fácilmente la dura carne de un gran búfalo.

Colmillos

El león asfixia a sus presas apretando su garganta con sus colmillos.

Muelas

Sus fuertes muelas tienen bordes afilados que cortan la carne de sus presas.

Dientes de carnívoro

Los carnívoros tienen dientes afilados y fuertes músculos en la mandíbula que les permiten atacar con un feroz mordisco.

Dientes de herbívoro

Los herbívoros tienen dientes posteriores planos con bordes afilados para triturar las hojas.

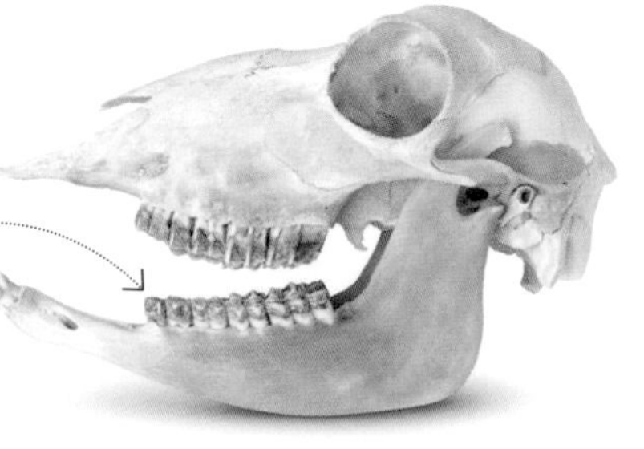

Lengua áspera

La lengua de un león está cubierta de pequeños ganchos que lo ayudan a raspar la carne de los huesos.

¿Son iguales los dientes de todos los carnívoros?

Gran tiburón blanco

Los dientes del tiburón blanco tienen los bordes serrados para cortar mejor. A diferencia de los mamíferos, los dientes de los tiburones se reemplazan continuamente.

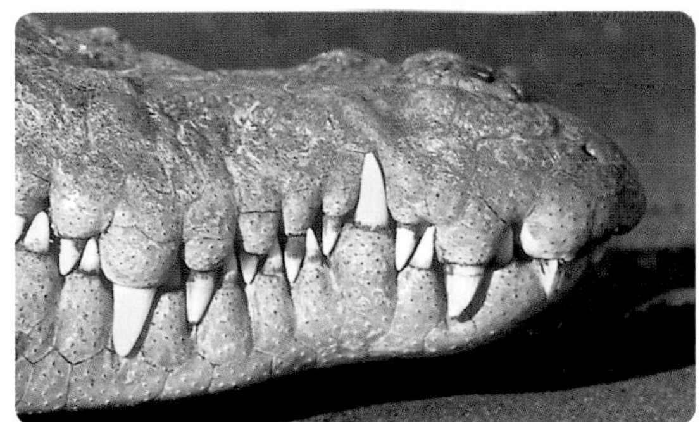

Cocodrilos

Los dientes puntiagudos de un cocodrilo sirven para clavarse, no para cortar. Los cocodrilos cierran sus fuertes mandíbulas y giran todo su cuerpo para despedazar a sus presas.

? ¡Qué imagen!

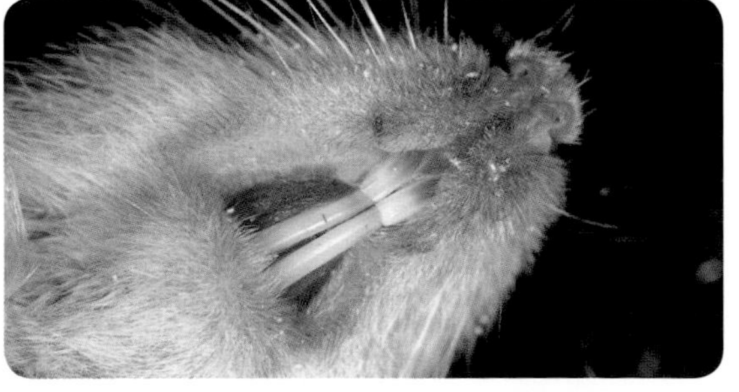

¿De quién son estos dientes?

Respuesta en las páginas 134-135

¿Por qué las suricatas se ponen de pie?

Cuando tienes el tamaño de una ardilla y vives en el suelo, debes poder auparte lo más alto posible para ver lo que sucede a tu alrededor. Las suricatas se levantan sobre sus patas traseras para detectar un peligro lejano y, a veces, ¡para disfrutar del sol!

Las suricatas se alternan para vigilar en turnos de 1 hora.

¿Lo sabes?

1. ¿Cómo avisan las suricatas del peligro?
2. ¿Cómo escapan las suricatas del peligro?
3. ¿Son parientes todas las suricatas de un grupo?

Respuestas en las páginas 134-135

Patas traseras

Caminan sobre cuatro patas, pero pueden mantener el equilibrio sobre sus dos patas traseras.

Ojos

Las suricatas tienen una excelente visión para detectar depredadores. Los adultos vigilan el grupo desde una roca alta y se alertan unos a otros cuando detectan un peligro.

Zona de calor

Las suricatas tienen en el pecho una zona de piel negra y desnuda que absorbe el calor cuando toman el sol.

¿Qué otros animales se alertan entre sí en caso de peligro?

Los cercopitecos verdes

Son grandes trepadores y detectan el peligro desde lejos. Tienen distintas alarmas en caso de serpientes, águilas o leopardos.

Las hormigas tejedoras

Cuando su nido es atacado, liberan sustancias químicas especiales, llamadas feromonas, que advierten al resto de la colonia.

¿Es ciego el topo?

Puede que sus ojos sean diminutos, pero el topo no es ciego. ¡Solo que no ve muy bien! Si te pasas la vida en un túnel oscuro, el sentido del tacto es más útil, y los topos son expertos en detectar gusanos con el tacto.

El topo de nariz estrellada tiene 25 000 sensores táctiles en su curiosa nariz.

¿Qué animales en realidad no ven?

El topo dorado

El topo dorado, del sur de África, no está emparentado con los topos de color oscuro. Sus ojos están cubiertos de piel, y no puede ver nada en absoluto.

El tetra ciego

Hace más de un millón de años, algunos de estos peces entraron en cuevas subterráneas inundadas. Han permanecido en la oscuridad y se han quedado ciegos, pues carecen por completo de ojos.

Zarpas para excavar

En la completa oscuridad, los topos usan sus «manos», dotadas de grandes garras, para cavar en el suelo como si fueran palas.

Ojo pequeño

El ojo de un topo mide solo 1 mm. Probablemente es sensible a la luz, al movimiento y a algunos colores, pero no puede ver con mucho detalle.

Nariz sensible

El topo de nariz estrellada tiene en su hocico 22 tentáculos muy sensibles que le sirven para detectar presas diminutas.

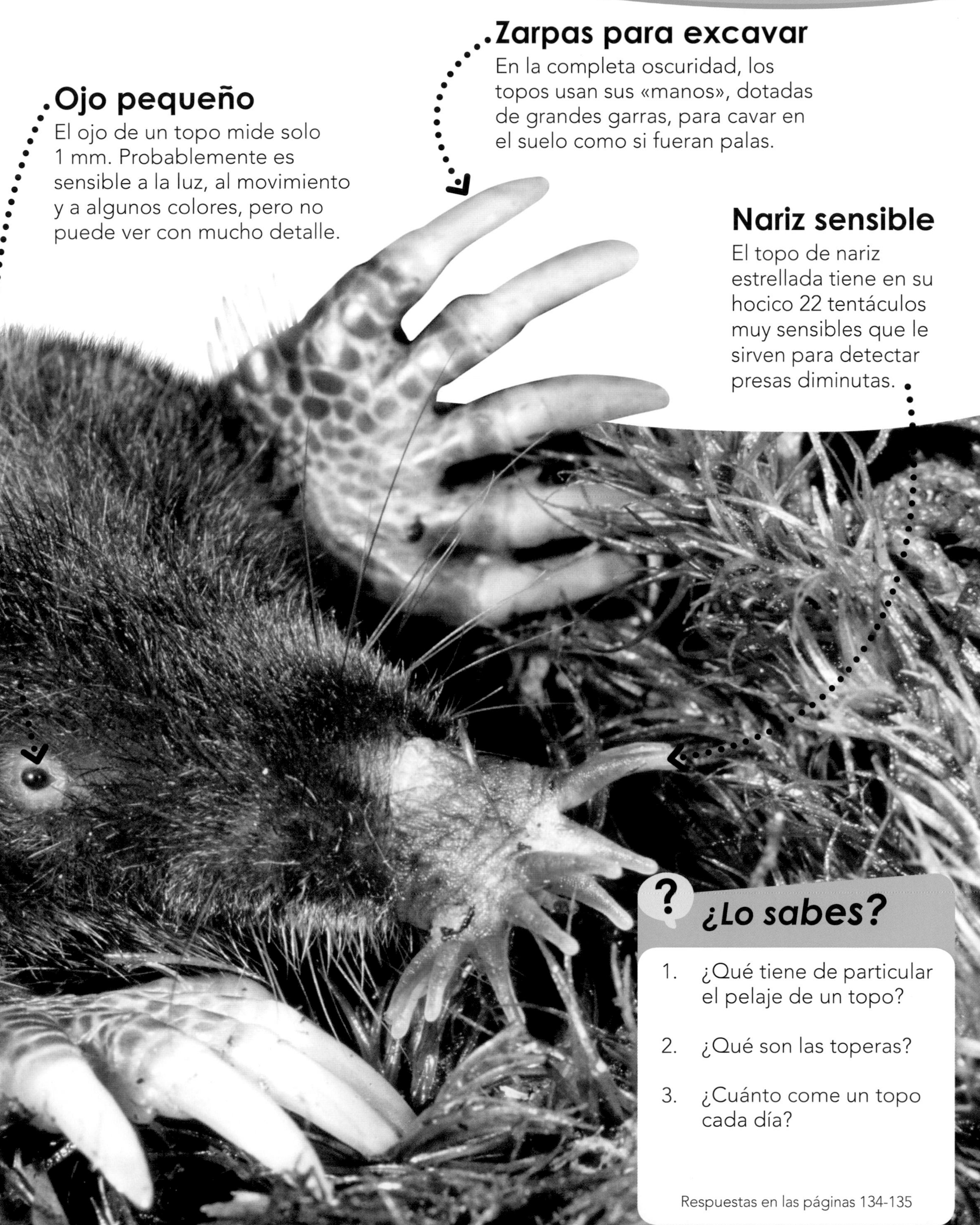

¿Lo sabes?

1. ¿Qué tiene de particular el pelaje de un topo?
2. ¿Qué son las toperas?
3. ¿Cuánto come un topo cada día?

Respuestas en las páginas 134-135

¿Los perros ven colores?

Nuestros ojos contienen diferentes sensores de color, para así poder ver todos los colores del arcoíris. Pero los perros tienen menos sensores de color diferentes. Como nosotros, pueden ver el azul, pero para ellos el rojo y el verde son como el amarillo.

Colores que vemos nosotros

Colores que ven los perros

¿Lo sabes?

1. ¿Qué animales tienen buena visión de color?
2. ¿Por qué hay personas daltónicas?

Respuestas en las páginas 134-135

Visión de perro

El perro ve la pelota azul del mismo color que la niña, pero las otras tres las ve parecidas entre sí: todas amarillentas.

¿Los animales perciben las cosas de forma distinta?

Abejas

Nosotros no vemos la luz ultravioleta, pero las abejas sí. El color ultravioleta de las flores, como las marcas oscuras de la derecha, las guían a las fuentes de néctar.

Serpientes

Algunas serpientes tienen sensores de calor en la cabeza para encontrar los cuerpos calientes de sus presas, como este perro.

Visión humana

Además de la pelota azul, la niña ve tres colores más: amarillo, verde y rojo.

Sensores de color

Los ojos humanos tienen sensores para los colores rojo, azul y verde. Esta niña une el rojo y el verde para ver el amarillo (y el rojo y el azul para ver el violeta).

¿Los osos comen miel?

Aunque los osos están emparentados con los perros y los felinos, que son carnívoros, muchos también disfrutan de alimentos más dulces, como la miel. Los osos malayos, de Asia tropical, son los osos más pequeños y los que tienen más afición por el dulce. No pueden resistirse a asaltar colmenas en busca de miel.

Colmena

Las abejas almacenan la miel en celdillas especiales dentro de la colmena y defienden sus reservas picando a los intrusos con sus aguijones.

Piel a prueba de aguijones

Su piel gruesa lo mantiene a salvo de las picaduras de las abejas.

¿Lo sabes?

1. Los osos son omnívoros. ¿Qué significa eso?
2. ¿Qué tipo de oso come más carne que el resto?
3. ¿Qué oso se alimenta de bambú?

Respuestas en las páginas 134-135

Lengua larga

El oso malayo es el oso con la lengua más larga, perfecta para lamer miel o introducirla en nidos de insectos como las termitas.

Largas garras

El oso malayo usa sus poderosas extremidades delanteras para trepar. Además, sus fuertes garras pueden abrir fácilmente las colmenas llenas de miel.

¿Es un mito?

¿Comen plátanos los monos?

A algunos monos les encanta la fruta fresca, como los plátanos. Al igual que los seres humanos, ven bien los colores y buscan aquellos que indican que la fruta está madura.

¿Come queso un ratón?

Tienen que tener mucha hambre para comer queso, y evitan los más fuertes. Prefieren los cereales, pero también les gustan cosas dulces, como las galletas.

Aves

Las aves son animales cubiertos de plumas. La mayoría puede volar, pero algunas, como los avestruces y los pingüinos, no pueden.

¿Por qué los patos flotan?

Sus huesos huecos y los depósitos de aire que tienen en el cuerpo hacen que los patos floten en el agua. Sus aceitosas plumas no dejan pasar el agua, así que el cuerpo no se les moja ni se vuelve pesado. Por eso siempre suben a la superficie y nunca se hunden.

Plumas

Las plumas atrapan aire, lo que los ayuda a flotar.

Impermeable

Una glándula cerca de la cola produce un aceite que recubre sus plumas y las hace lo bastante impermeables para que las gotas resbalen sobre ellas.

A remo

En el agua, los patos se impulsan con sus patas palmeadas.

¡Qué imagen!

¿Qué ave flota tanto que necesita sumergirse deprisa para cazar peces?

Respuestas en las páginas 134-135

Pico

Usan el pico para esparcirse el aceite por todo el cuerpo y así volverlo impermeable.

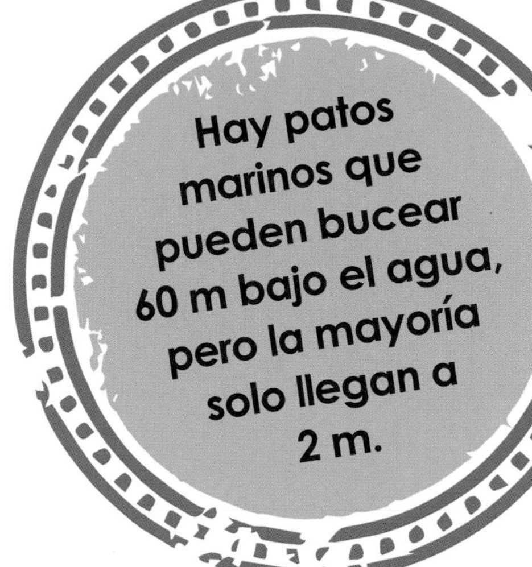

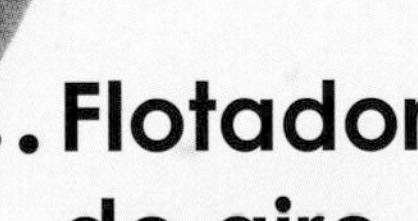

Flotador de aire

Como la mayoría de las aves, tienen unas bolsas que se llenan de aire y los vuelven ligeros, y así flotan.

Huesos ligeros

Todas las aves voladoras, incluidas las aves acuáticas como los patos, tienen huesos huecos, que las hacen livianas. Esto las ayuda a mantenerse a flote.

¿De qué otras formas se mueven los animales en el agua?

Flotando

El pelaje de la nutria marina atrapa una gran cantidad de aire caliente que la ayuda a mantenerse a flote. Puede incluso dormir mientras flota sobre su espalda.

Navegando

La fragata portuguesa tiene una vejiga llena de gas que usa como una vela para flotar en la superficie del océano mientras sus tentáculos cuelgan bajo el agua.

¿Por qué el flamenco es rosa?

Los flamencos obtienen su color de lo que comen. Estas aves viven cerca de lagos llenos de artemias, unos crustáceos de aguas muy saladas. Aunque las plumas de los flamencos son grises o blancas cuando nacen, comer artemias todos los días hace que sus plumas se vuelvan de color rosa.

Plumas coloridas

El color de un flamenco varía del rosa pálido al rojo oscuro o incluso al naranja brillante. Todo depende de la cantidad de artemias que coma.

? ¿Lo sabes?

1. ¿Por qué los flamencos de los zoos necesitan una dieta especial?
2. ¿En qué se diferencia el pico de un bebé flamenco del de un adulto?
3. ¿Cuántos huevos ponen las hembras de una vez?

Respuestas en las páginas 134-135

Artemias

El color rosado de las artemias, a su vez, proviene de su dieta a base de algas. Algunos flamencos comen también estas algas, lo que los vuelve aún más rosados.

Se estima que en la mayor bandada de flamencos había más de 2 millones de aves.

Pico

Para comer, sumerge el pico en el lago. Luego, con la lengua, mueve el agua sobre unas filas de placas en forma de peine que tiene en la boca para colar las diminutas artemias.

Con las patas

Un flamenco usa sus patas para pisar el fango en las aguas poco profundas de un lago y así remover las artemias. Después puede recogerlas con el pico.

¿Quién recibe su color al comer?

Hormiga fantasma

Tiene el abdomen transparente, así que cualquier alimento que ingiere, como estas gotas de agua azucarada coloreada, se puede ver desde el exterior.

Babosas de mar

Estas criaturas marinas de cuerpo blando adquieren parte de sus colores brillantes al comer corales y anémonas.

¿El búho caza de noche?

Los búhos cazan en la oscuridad usando sus oídos supersensibles, que pueden escuchar el más leve ruido que hacen los animales, incluso desde lejos. Una vez que han detectado a su presa, descienden silenciosamente desde lo alto y la toman por sorpresa.

¿Lo sabes?

1. ¿Cómo se come a su presa?
   a) Con sus afilados dientes
   b) Tragándolas enteras
   c) Despedazándolas

2. Puede girar la cabeza casi 360 grados porque…
   a) no puede mover los ojos
   b) le gusta estirar el cuello
   c) su columna es muy corta

Respuestas en las páginas 134-135

Alas silenciosas

Las plumas suaves y esponjosas de un búho le permiten batirlas sin hacer el menor sonido que pueda alertar a su presa.

Sonidos claros

Puede que el sonido que hace el ratón sea demasiado tenue para una persona, pero el búho lo oye con mucha claridad.

Presa correteando

Los pequeños mamíferos, como los ratones, son la comida favorita del búho y los oye moverse por el suelo.

Cara plana

La cara plana, en forma de disco, de una lechuza común le ayuda a captar ondas de sonido de la presa y las enfoca hacia sus oídos.

Oídos sensibles

Los búhos tienen un oído ligeramente más arriba que el otro, lo que los ayuda a saber la posición de su presa.

Buen agarre

Como otras aves rapaces, los búhos tienen largas garras que les sirven para sujetar a sus presas.

¿Qué ayuda a otros animales a cazar de noche?

El sentido del olfato

Muchos mamíferos peludos, como este tejón europeo, cazan de noche. Lo hacen utilizando su excelente sentido del olfato. Pueden incluso olfatear pequeños animales ocultos bajo tierra.

Ojos sensibles

Muchos mamíferos que cazan de noche, como los gatos, ven bien incluso con poca luz. Sus ojos tienen una capa especial que refleja y concentra bajos niveles de luz. Esto hace que brillen en la oscuridad.

¿El avestruz no vuela?

El pájaro más grande del mundo está hecho para correr, no para volar. Aunque un avestruz tiene alas grandes y flexibles, no son lo suficientemente fuertes como para batir y levantar su cuerpo del suelo. Para alejarse de un peligro, el avestruz se vale de sus poderosas patas.

Alas de equilibrio

Sus alas son grandes, pero demasiado débiles para volar. Las utilizan para mantener el equilibrio al correr.

A toda prueba

Las patas de avestruz tienen huesos sólidos y pesados, a diferencia de los huesos huecos y ligeros de las aves voladoras. Sus poderosos músculos son útiles para correr e incluso para dar patadas a los depredadores.

¿Lo sabes?

1. Los avestruces entierran la cabeza en la arena.
2. Los avestruces son los bípedos más veloces.

Respuestas en las páginas 134-135

Cabeza alta

Al correr, incluso a máxima velocidad, mantiene la cabeza al mismo nivel. Así tiene una buena visión para encontrar pareja y estar alerta ante cualquier enemigo.

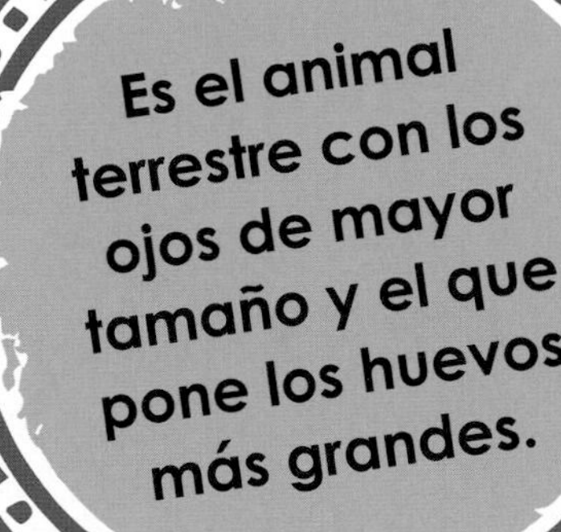

Un hueso menos

A los avestruces les falta una parte del esternón que sostiene los músculos de vuelo en las aves voladoras.

Pies para correr

Son las únicas aves con solo dos dedos en cada pata. Sus pies pueden golpear el suelo como los cascos de un caballo y correr a gran velocidad.

¿Cuál es el riesgo de no volar?

Extinción

Los dodos vivían a salvo en la isla de Mauricio hasta que llegó el hombre. Los capturaban fácilmente, ya que no podían volar, hasta que no quedó ninguno.

Amenazados

Los kakapos son loros no voladores que están en peligro de extinción. No pueden huir volando de sus depredadores, como los gatos, introducidos por el hombre.

¿Por qué el pavo real es tan presumido?

Los pavos reales macho lucen sus coloridas plumas para atraer a una posible pareja. Las extienden en forma de abanico y las mueven para llamar la atención. Las hembras eligen pareja según el tamaño y el color de sus plumas.

Manchas que parecen ojos

Las manchas azules y verdes, llamadas «ocelos» (ojos), captan la atención de la hembra. El pavo real las vuelve hacia ella para impresionarla.

¿Lo sabes?

1. ¿Cuál es el pariente más próximo del pavo real?
   a) Ave del paraíso
   b) Faisán
   c) Avestruz

2. ¿Cuál es el depredador más probable del pavo real en la naturaleza?
   a) Tigre
   b) León
   c) Cocodrilo

Respuestas en las páginas 134-135

No es una cola

Las plumas de exhibición del pavo real le crecen en la base de la espalda. Si no están alzadas, descansan sobre su cola

Gran exhibición

Hay entre cien y ciento cincuenta plumas, y cada una puede medir hasta 2 m de largo, lo que supone más de la mitad de la longitud de un pavo real.

¿Por qué el gorila se golpea el pecho?

Exhibición de amenaza

No siempre se trata de impresionar a una hembra. Un gorila macho se golpea el pecho para parecer feroz y espantar a los intrusos.

Discreción

Las hembras son menos coloridas que los machos. Cuidan de los huevos y las crías y, con sus colores apagados, no atraen a los depredadores.

Cañón de la pluma

El cañón blanco de cada pluma contrasta vivamente con el verde y el azul, lo que hace que los brillantes colores destaquen más.

Millas de vuelo

Sus largas alas ayudan al diminuto charrán ártico a cubrir largas distancias con facilidad.

¿Por qué migran las aves?

Muchas aves recorren volando largas distancias todos los años hasta lugares con más comida en invierno y buenos lugares de reproducción en verano. A esto se le llama «migración». Los charranes árticos realizan la migración más larga del mundo animal, pues todos los años vuelan desde el Ártico a la Antártida y de vuelta.

Ruta migratoria

Los charranes árticos vuelan hacia el sur en otoño y llegan a la Antártida cuando allí es verano. Cuando el otoño llega allí, vuelan de regreso al Ártico.

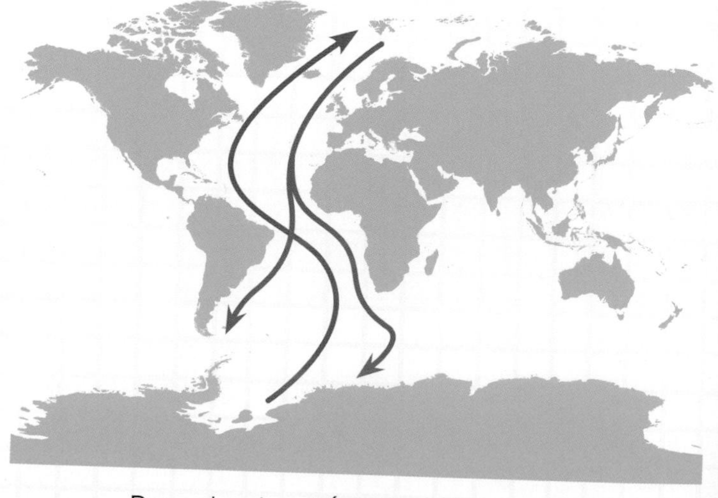

Ruta desde el Ártico a la Antártida

Ruta desde la Antártida al Ártico

Criar en el norte
Los charranes crían a sus polluelos en el verano ártico, de mayo a agosto, cuando hay mucha comida disponible.

Descansar en el sur
De noviembre a febrero, los charranes árticos descansan en la Antártida, donde en esa época es verano y abundan los peces.

¿Hay otros animales que migran?

La mariposa monarca
En otoño, esta mariposa americana migra miles de kilómetros al sur para encontrar lugares más cálidos en los que hibernar.

El caribú
Grandes manadas de renos norteamericanos, o caribúes, viajan unos 5000 km cada año. Es la migración terrestre más larga de cualquier animal.

Un largo viaje
Durante su vida, el charrán ártico vuela una distancia media equivalente a ir y volver de la Luna.

Energía del pescado
El charrán ártico obtiene energía comiendo pescado. Mientras vuela hacia la Antártida, va sumergiéndose en busca de peces cerca de las costas. Después, los fuertes vientos ayudan a que el viaje de vuelta hacia el Ártico sea más rápido.

¿Lo sabes?

1. ¿Por qué unas aves migran y otras no?
2. ¿Siempre migran de norte a sur y viceversa?
3. Las migraciones ¿siempre son en distintas estaciones?

Respuestas en las páginas 134-135

¿Por qué los pájaros no caen mientras duermen?

Sorprendentemente, una rama en lo alto de un árbol es un lugar muy seguro para que un pájaro se duerma. Al posarse en una rama, los dedos de sus patas se curvan y se bloquean de forma automática. Aunque esté dormido, no se suelta.

? ¡Qué imagen!

¿Qué ave puede dormir incluso mientras vuela?

Respuestas en las páginas 134-135

Con un ojo

Las aves pueden dormir con un ojo abierto y la mitad del cerebro alerta mientras la otra mitad descansa.

Plumas mullidas

Algunas aves esponjan sus plumas mientras duermen para mantener su cuerpo caliente.

Bloqueo de las patas

Cuando un pájaro dobla las patas para posarse en una rama, sus tendones se estiran y bloquean automáticamente los dedos en una posición curvada. Mientras la pata permanezca doblada, los dedos estarán bloqueados.

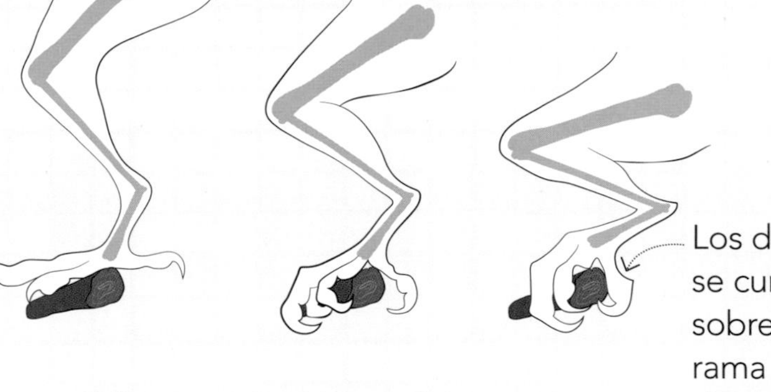

Cómo se agarran a las ramas

Dedos curvados

La mayoría de las aves tienen tres dedos que apuntan hacia delante y uno hacia atrás. Los loros, como estos conuros de América del Sur, tienen dos dedos hacia delante y dos hacia atrás.

¿Cómo duermen los caballos?

De pie

Los caballos bloquean las rodillas, y pueden dormir de pie. Muchos mamíferos grandes lo hacen para escapar si se acerca un peligro.

¿Qué pájaro hace el mejor nido?

Las aves son expertas constructoras de nidos. Usan tallos de plantas y briznas de hierba para tejer unos cuencos o cestas en las que ponen sus huevos. Los tejedores baya machos, de Asia, usan sus fuertes picos para construir impresionantes nidos.

Impresionar

El tejedor baya macho usa sus habilidades como experto tejedor para convencer a una hembra de que elija su nido.

Anclados

Los tejedores baya cuelgan sus nidos de las ramas para alejarlos de los depredadores, que podrían robar los huevos y los polluelos.

¿Lo sabes?

1. ¿Qué ave construye el nido más pequeño?
2. ¿Todas construyen nidos?
3. ¿Qué otros animales construyen nidos?

Respuestas en las páginas 134-135

Toques finales

Si a una hembra le gusta el nido, se unirá al macho y ayudará a construir el túnel de entrada.

Un rincón acogedor

La hembra recubre el nido de plumas para que los huevos y los polluelos tengan un lecho más suave.

¿Qué otras cosas construyen las aves?

Una pérgola

En Australia, el pergolero macho construye una pérgola de hierba y tallos para lograr una pareja. Como toque final, añade objetos coloridos y espera a que pase una hembra. Si esta queda impresionada, se aparea con él.

Nidos de barro

Una golondrina transporta barro en el pico y lo moldea en forma de cuenco, que luego se endurece y se convierte en un nido sólido. Los nidos generalmente cuelgan de una pared o de un tejado.

¿Por qué los pingüinos no se congelan?

En la Antártida, el lugar más frío del mundo, se te pueden congelar los dedos de los pies en un momento. Los pingüinos emperador se han adaptado para sobrevivir en estas condiciones. Se apiñan unos con otros para darse calor y están protegidos por una gruesa capa de plumas.

Refugio

Las colonias reproductoras de pingüinos a veces se refugian de los gélidos vientos detrás de acantilados de hielo.

Todos juntos

Los pingüinos emperador y sus polluelos se apiñan para evitar que escape su calor corporal. Se ponen hacia dentro, de espaldas al viento helado, y se turnan para estar en el borde del grupo.

¿Cierto o falso?

1. El pingüino emperador es el pingüino más grande del mundo.
2. El pingüino emperador es la única ave que anida en la Antártida.

Respuestas en las páginas 134-135

¿Qué otros animales pueden enfrentarse a las heladas?

Pez de hielo cocodrilo

En el gélido océano Antártico, el pez de hielo cocodrilo se mantiene vivo gracias a su sangre especial. Esta contiene una sustancia química que evita la formación de cristales de hielo en su cuerpo.

Rana de bosque

La rana de bosque, de América del Norte, congela la mayor parte de su cuerpo en invierno para sobrevivir al frío extremo. Con el buen tiempo, recupera su estado normal.

Durante los 2 meses que un pingüino emperador macho mantiene caliente el huevo, no come nada.

Mantener el calor

Su denso plumaje y una capa de grasa bajo la piel le ayudan a conservar el calor. Sus plumas repelen el agua y lo mantienen seco.

Pies fríos

A veces se apoyan en la cola para que las patas no toquen el suelo helado. Esto ayuda a reducir la pérdida de calor corporal.

¿Quién se come las águilas?

Las águilas más grandes, como el águila calva, son tan fuertes y rápidas que están en la cima de su cadena trófica. Eso significa que nadie las mata y se las come.

Ojos
El águila calva puede ver un pez en el agua incluso volando a 300 m sobre la superficie.

¿Qué otros animales son superdepredadores?

El oso gris

El oso gris, de Norteamérica, es uno de los depredadores terrestres más grandes. Se alimenta principalmente de nueces, bayas y frutas, pero también de roedores y de animales más grandes, como los ciervos. Los machos suelen vivir solos, aunque pueden reunirse para darse un festín de pescado.

La anaconda

La serpiente más pesada del mundo, la anaconda, mata animales del tamaño de cerdos pequeños apretándolos y cortando su flujo sanguíneo para después tragárselos enteros. Vive en América del Sur y su dieta incluye también pequeños ciervos, aves y tortugas.

Cadena trófica

En una cadena trófica, las flechas indican la dirección de la energía (en la comida) hacia el depredador. En este caso, los animales más pequeños del agua, el plancton, son devorados por unos camarones llamados «krill». El salmón come krill y el águila calva, salmón.

Águila calva

Salmón rosado

Krill

Plancton

Plumas caudales

Las grandes plumas caudales le ayudan a controlar el vuelo cuando desciende para cazar.

Garras

Las patas de un águila tienen garras largas y curvas con las que pueden capturar peces grandes y escurridizos.

Dieta

Las águilas grandes pueden cazar animales del tamaño de un ciervo pequeño, pero las águilas calvas suelen alimentarse de peces.

¿Lo sabes?

1. Un águila mata a su presa...
   a) con su afilado pico
   b) con sus garras
   c) dejándola caer al suelo

2. ¿Cuánto pesa un nido de águila calva?
   a) Como un conejo
   b) Como un hombre
   c) Como un coche pequeño

Respuestas en las páginas 134-135

¿Por qué al carpintero no le duele la cabeza?

Un pájaro carpintero en busca de insectos puede golpear su pico contra el tronco de un árbol 12 000 veces al día sin hacerse daño en la cabeza. Su cerebro está muy protegido en su cráneo, de un hueso especial que lo aísla de los golpes.

¿Cómo sacar la comida del tronco de un árbol?

Con una ramita

El pinzón de Darwin carpintero hurga con una ramita en los agujeros de la corteza para sacar sabrosos insectos.

Comer con los dedos

El aye-aye, de Madagascar, golpea una rama, escucha el eco para saber si hay larvas dentro y las saca con el dedo.

Cráneo

El cráneo de un pájaro carpintero está hecho de un tipo de hueso grueso y esponjoso que absorbe las vibraciones de los golpes. Sus huesos hioides, del cuello, también están altamente especializados y actúan como un cinturón de seguridad para mantener el cráneo en su sitio.

Apoyo caudal

Las plumas fuertes y rígidas de su cola actúan como soporte. Empujan hacia el tronco mientras el pájaro martillea.

Pico

El pico es lo bastante fuerte para martillear y su punta se regenera, así que no se desgasta.

Un pájaro carpintero puede golpear un tronco hasta 20 veces por segundo.

Garras

Tiene garras en las patas –dos hacia delante y dos hacia atrás– que le ayudan a sujetarse al tronco.

¿Cierto o falso?

1. Los pájaros carpinteros agujerean el cemento.
2. Tamborilean en los árboles para comunicarse.
3. Usan agujeros como nidos.

Respuestas en las páginas 134-135

Bajo el agua

En los océanos, los lagos y los ríos viven muchos animales. La mayoría tiene branquias para respirar en el agua, pero algunos, como los delfines, salen a respirar a la superficie.

¿Por qué brillan las medusas?

Como otros animales de las profundidades marinas, la medusa clavel puede producir luz, quizá para evitar que se la coman. Una medusa blanda y jugosa es un bocado sabroso para algunos animales, pero un destello de luz puede deslumbrar o asustar a un cazador.

Resplandor
Esta medusa produce luz debido a una reacción química que tiene lugar en su cuerpo.

¿Cierto o falso?

1. Algunos peces abisales producen luz.
2. Algunos conejos brillan.

Respuestas en las páginas 134-135

Aguijón mortal

Tienen células urticantes en sus tentáculos que usan para paralizar a sus presas.

Tentáculos retorcidos

Sus tentáculos también brillan. Tienen músculos que sirven para atrapar presas y llevarlas a la boca, dentro de la umbrela.

¿Qué otros animales brillan en la oscuridad?

Las luciérnagas

Estos escarabajos emiten una luz parpadeante por su parte trasera. Utilizan destellos para comunicarse entre sí cuando están buscando pareja.

Los mosquitos del hongo

Los insectos voladores son atraídos por la luz. Las larvas del mosquito del hongo, que viven en cavernas, producen hilos de baba luminosa para atrapar a sus presas.

¿Duermen los peces?

Los peces duermen, pero como no tienen párpados, es difícil saber si están dormidos o despiertos. Sin embargo, es fácil distinguir un pez loro dormido, pues hace un capullo viscoso alrededor de su cuerpo para dormir.

Manta de baba

Todas las noches, el pez loro crea una capa protectora de baba para dormir dentro. Produce la baba con la boca.

El pez loro tarda una hora entera para construirse su capullo.

Seguridad

Este capullo es un escudo protector contra las picaduras de parásitos como los branquiuros. Puede deberse a que oculta el olor del pez.

¿Qué animales tienen ojos inusuales?

El camaleón

La mayoría de los reptiles, como los camaleones, tienen párpados fijados al globo ocular. Cuando un camaleón mueve el ojo, el párpado se mueve con él.

El geco

Como la mayoría de los gecos, el geco de arena de Namib no tiene párpados. Mantiene los ojos limpios lamiéndoselos con su larga lengua.

¿Lo sabes?

1. ¿Todos los peces loro se construyen un capullo?
2. ¿Todos los peces duermen de noche?

Respuestas en las páginas 134-135

Alarma

La manta viscosa también puede actuar como un sistema de alerta contra depredadores. El pez tiene tiempo para alejarse cuando depredadores como las morenas perturban el capullo.

¿Cómo se hincha el pez globo?

Para un pez que puede ser presa fácil de otros más grandes, una buena defensa es aumentar de tamaño. El pez globo hace exactamente eso tragando agua. Algunos, además, son venenosos.

Pequeño y lento

Los peces globo son nadadores lentos y torpes y, cuando están deshinchados, como este, son bastante pequeños. Eso los convierte en un blanco fácil de los depredadores.

Irrompible

La piel de un pez globo es resistente y elástica, por lo que no se rompe al hincharse. Su estómago tiene las paredes plegadas, lo que le permite expandirlo.

? ¿Lo sabes?

1. ¿Tienen dientes los peces globo?
2. ¿Cómo se defienden las crías de pez globo?
3. ¿Cómo se deshincha un pez globo?

Respuestas en las páginas 134-135

Más que un bocado

Hinchado no solo infunde respeto, sino que es demasiado grande para la boca de muchos depredadores. Esto es importante, pues nada a la mitad de velocidad si está hinchado.

El veneno que contiene un solo pez globo bastaría para matar a 30 personas adultas.

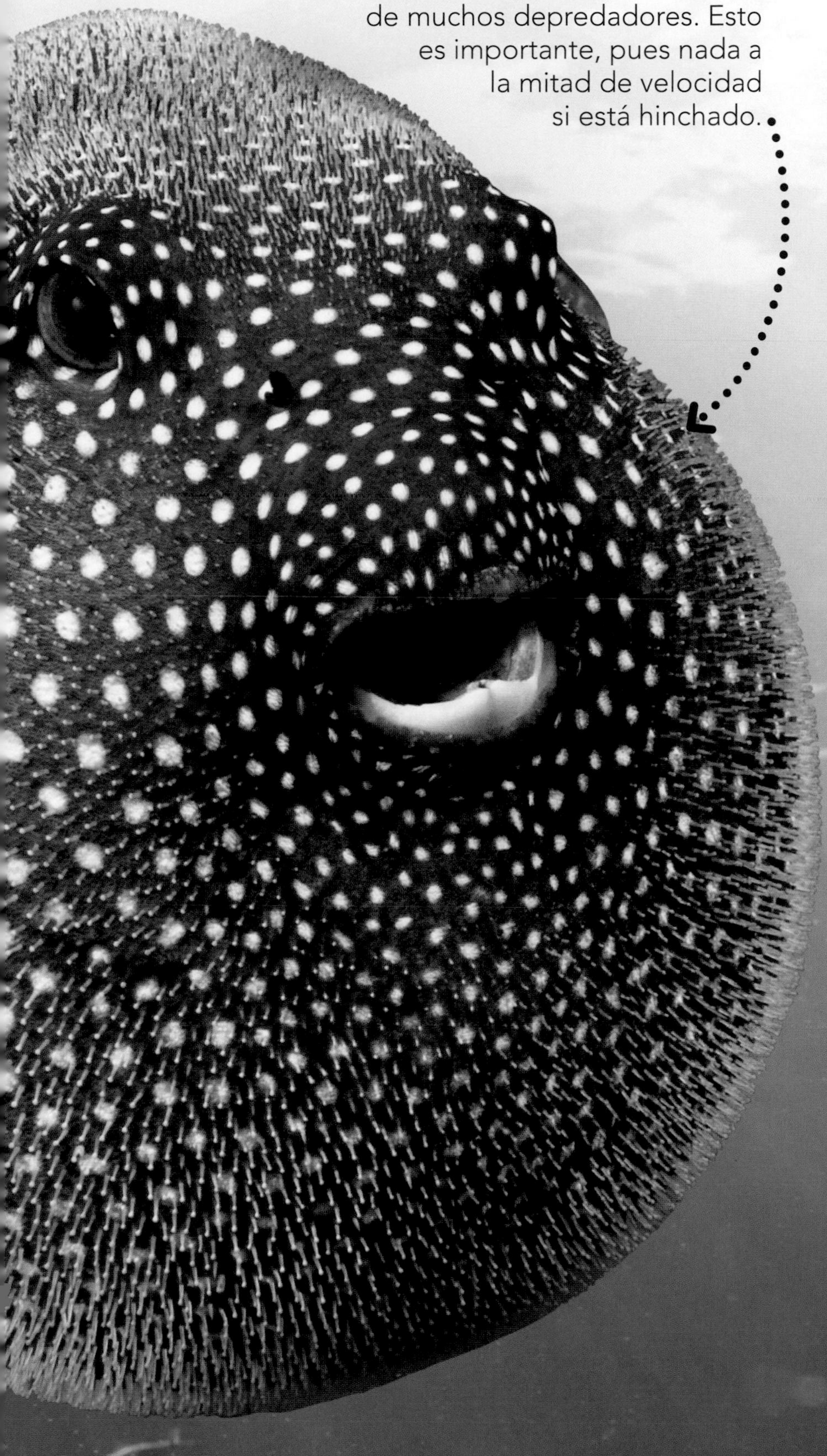

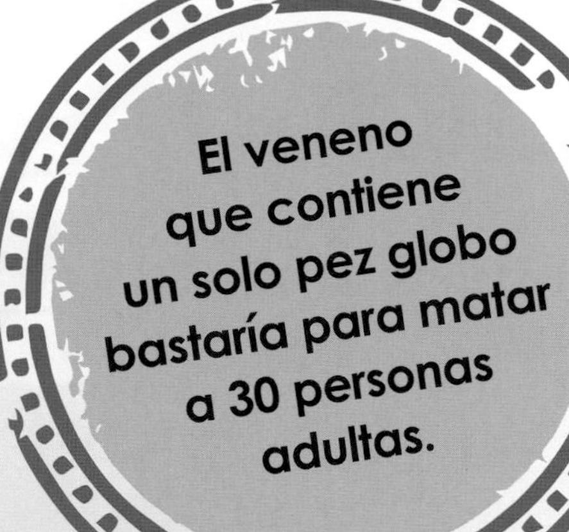

¿Qué otros animales se hinchan?

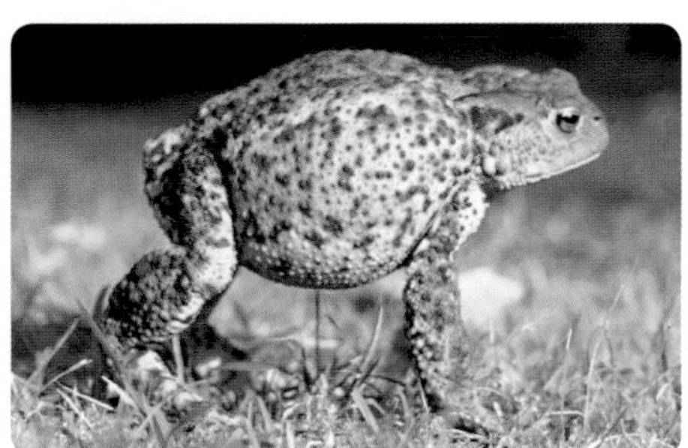

El sapo

Si un sapo se siente amenazado, absorbe aire con sus pulmones y estira las patas para parecer más grande y aterrador.

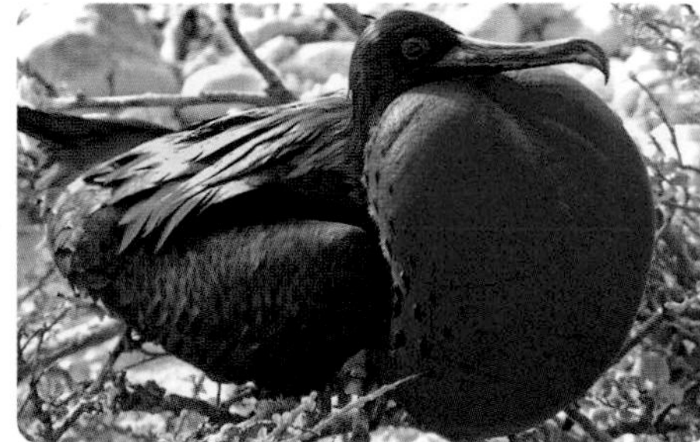

El rabihorcado

Los rabihorcados macho hinchan como un globo su garganta de color rojo brillante para impresionar a las hembras.

¿De verdad puede volar un pez?

Los peces voladores planean sobre el agua con sus anchas aletas, por lo que parece que vuelan. Toman velocidad bajo el agua y saltan sobre la superficie para escapar de los depredadores. Como no pueden batir las aletas, en realidad solo planean y no vuelan.

Plegadas

El pez volador mantiene sus aletas laterales plegadas hasta que atraviesa la superficie. Entonces, las abre como alas.

Saltar para estar a salvo

Los músculos de un pez volador son tan poderosos que puede saltar unos 6 m en el aire.

¡Qué imagen!

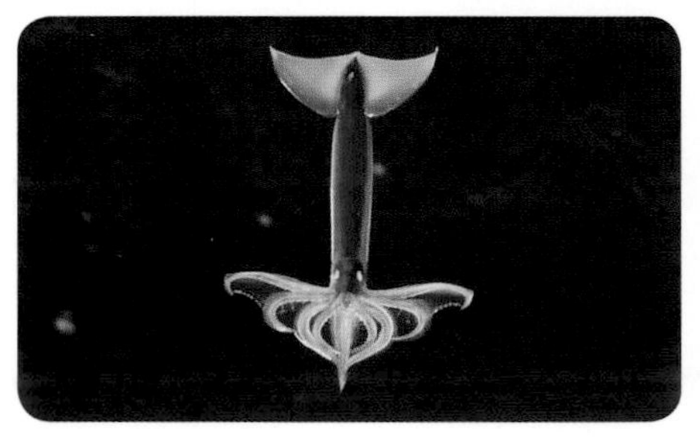

¿Qué calamar puede planear fuera del agua?

Respuestas en las páginas 134-135

Cola veloz

La bifurcada aleta caudal ondula hasta 70 veces por segundo para lanzar al pez volador fuera del agua.

Cuerpo rígido

El cuerpo se mantiene recto, lo que le facilita planear. Puede permanecer en el aire hasta 45 segundos.

Aletas en lugar de alas

Despliega sus aletas laterales delanteras para usarlas como alas. Algunos peces voladores también tienen aletas caudales extragrandes.

Un pez volador puede planear por el aire a 70 km/h.

¿Qué otros animales parece que vuelan?

Ardilla voladora

Este animal tiene una piel peluda que se extiende desde sus muñecas hasta los tobillos. Esa membrana de piel le permite planear de un árbol a otro.

Rana voladora

Si bien la mayoría de las ranas son expertas en el salto de longitud, la rana voladora de Wallace puede planear de árbol en árbol usando sus anchas patas palmeadas.

Un tiburón martillo tiene hasta 3000 poros sensoriales en su cabeza.

¿Cómo cazan los tiburones?

Algunos son capaces de detectar sangre en el agua, pero todos tienen un método más ingenioso para rastrear a sus presas. Con unos sensores especiales, detectan las señales eléctricas de los músculos y nervios en funcionamiento de un animal.

¿Cierto o falso?

1. Todos los tiburones son comedores de hombres.
2. Los tiburones producen nuevos dientes durante toda su vida.

Respuestas en las páginas 134-35

Ojos separados

Los ojos del tiburón martillo están muy alejados uno de otro, en los extremos de la cabeza. Esto le da una visión de 360°.

¿Algún animal usa la electricidad para aturdir?

La raya torpedo

Su cuerpo está repleto de órganos que pueden generar una descarga eléctrica para mantener alejados a los depredadores.

La anguila eléctrica

La anguila eléctrica es capaz de producir descargas eléctricas lo bastante potentes para aturdir a sus presas.

Presa enterrada

A menudo come rayas, que se esconden enterrándose en la arena. El tiburón las encuentra usando su «martillo» como si fuera un detector de metales para rastrear el fondo.

Tiburón martillo

El borde frontal de la extraña cabeza del tiburón martillo está repleto de pequeños sensores que detectan la actividad eléctrica de la presa.

¿Está vivo el coral?

Los corales parecen rocas de colores, pero son colonias de diminutos animales vivos llamados «pólipos». De día, están desprovistos de vida, pero de noche, miles de pólipos extienden sus tentáculos para alimentarse de pequeños animales que flotan en el agua.

Arrecife de coral

La superficie de un arrecife de coral está cubierta de miles de pólipos. Están fijos, pero mueven sus tentáculos.

¿Lo sabes?

1. ¿Cómo pica el coral?
2. ¿Qué es un arrecife de coral?

Respuestas en las páginas 134-135

Un solo pólipo

Un pólipo abierto parece una anémona. Su anillo de tentáculos urticantes atrapa y paraliza a una pequeña presa y después la traslada hacia la boca, en el centro.

Esqueleto

La mayor parte del coral es un esqueleto duro y rocoso que protege las partes blandas de los animales de su interior.

Los primeros arrecifes de coral del mundo se formaron hace unos 500 millones de años.

¿Qué otros animales parecen no estar vivos?

El pez piedra

Este pez parece una roca, pero las espinas de su lomo pueden provocar una picadura terrible.

Las esponjas marinas

También viven en una colonia, pero no tienen tentáculos. Si se despedazan, los trocitos pueden volver a agruparse.

¿Por qué el delfín tiene un espiráculo?

Al igual que nosotros, un delfín tiene que respirar aire con los pulmones, aunque se pase la vida nadando en el agua. Utiliza un espiráculo para inhalar aire en la superficie y luego contiene la respiración cuando se sumerge.

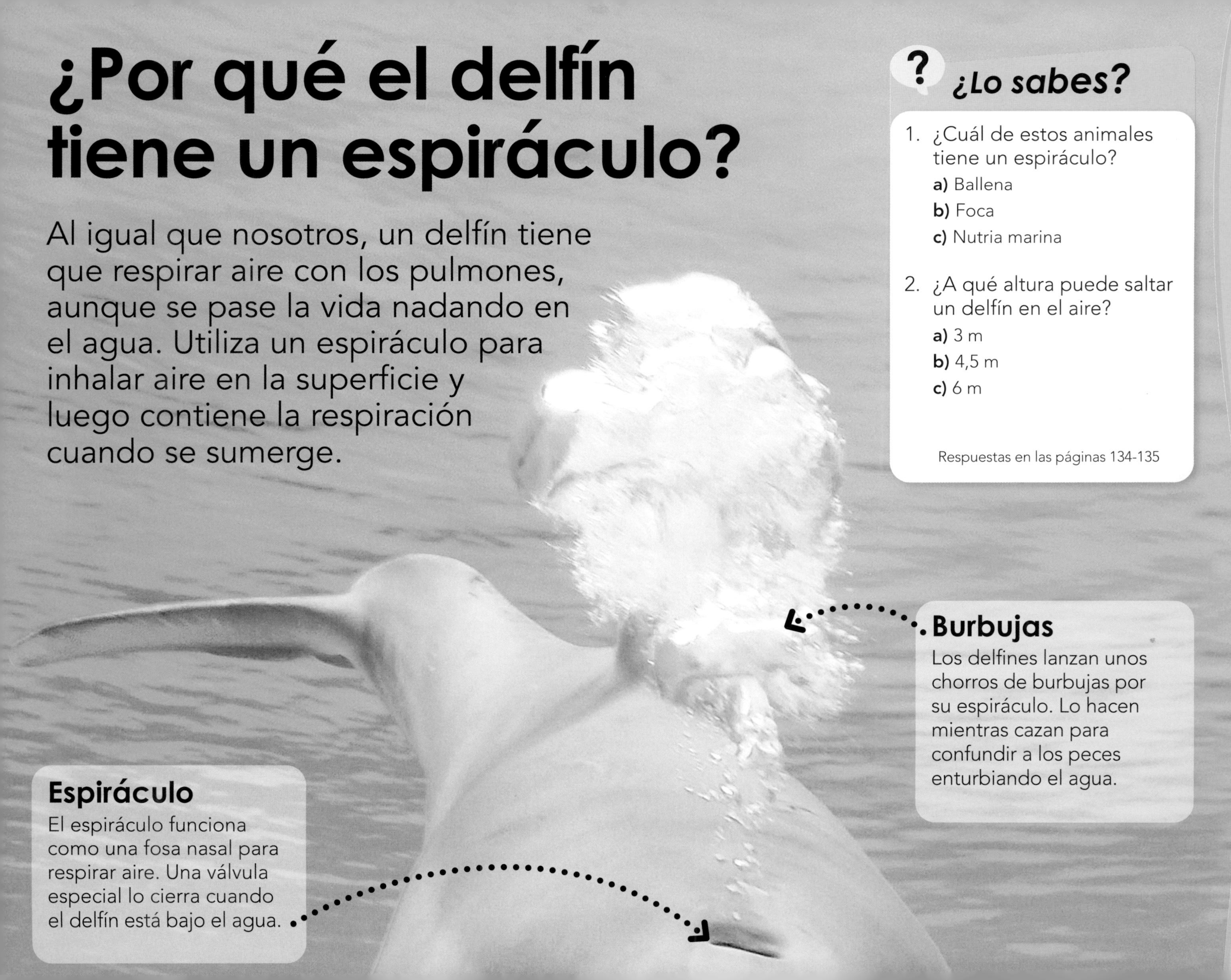

¿Lo sabes?

1. ¿Cuál de estos animales tiene un espiráculo?
   a) Ballena
   b) Foca
   c) Nutria marina

2. ¿A qué altura puede saltar un delfín en el aire?
   a) 3 m
   b) 4,5 m
   c) 6 m

Respuestas en las páginas 134-135

Burbujas

Los delfines lanzan unos chorros de burbujas por su espiráculo. Lo hacen mientras cazan para confundir a los peces enturbiando el agua.

Espiráculo

El espiráculo funciona como una fosa nasal para respirar aire. Una válvula especial lo cierra cuando el delfín está bajo el agua.

Respiración profunda

Su cuerpo tiene más sangre que el de una persona del mismo tamaño, con lo que lleva más oxígeno. Eso le ayuda a estar más tiempo bajo el agua cada vez que toma aire.

Alimentación

A diferencia de nosotros, los delfines nunca respiran por la boca. Tienen conductos separados para la comida y el aire, para que sus pulmones no se llenen de agua mientras comen.

Un delfín generalmente pueden aguantar la respiración entre 3 y 7 minutos.

¿Cómo respiran en el agua otros animales sin branquias?

Burbujas de aire

La araña de agua es la única araña que caza bajo el agua. Es capaz de respirar mediante una burbuja de aire forrada de seda, de forma parecida a la botella de oxígeno de un buzo.

Narices hacia arriba

Los hipopótamos tienen las fosas nasales apuntando hacia arriba. Así pueden seguir respirando incluso si la mayor parte de su cuerpo está bajo el agua.

¿Qué vive en las profundidades?

A más de 1000 m de profundidad, el océano es terriblemente frío y oscuro. Allí viven extrañas criaturas que están perfectamente adaptadas para hacer de este lugar hostil su hogar.

¿Lo sabes?

1. ¿Qué animal vive a más profundidad en el océano?
2. ¿Cómo saber qué animales viven en el fondo del mar?

Respuestas en las páginas 134-135

Pulpo Dumbo

A diferencia de otros, el pulpo Dumbo tiene aletas en forma de orejas que lo ayudan a nadar. Vive a unos 3000 m bajo la superficie del mar.

Pez de colmillos largos

Este pez tiene dientes tan grandes que no puede cerrar por completo sus fauces. Agarra a sus presas con los colmillos y se las traga enteras.

¿Qué animales pueden sobrevivir en condiciones de calor extremo?

Rata canguro gigante

Algunos animales que viven en praderas secas y cálidas, como la rata canguro gigante de California, sobreviven en este entorno difícil sin agua para beber. Obtienen de la comida toda el agua que necesitan.

Hormiga del Sáhara

La mayoría de los animales morirían donde el suelo está lo bastante caliente como para freír un huevo. Sin embargo, esta hormiga del desierto puede corretear entre sus hormigueros sobre arena que está a más de 50 °C bajo el sol ardiente.

Diablo negro

La hembra del diablo negro lleva en la cabeza una linterna brillante para atraer a otros peces. Estos nadan hacia la luz y ella se los traga rápidamente.

Pez pelícano

En las profundidades del océano, es difícil encontrar comida. Este pez se vale de sus enormes mandíbulas para capturar de un solo bocado cardúmenes enteros de camarones.

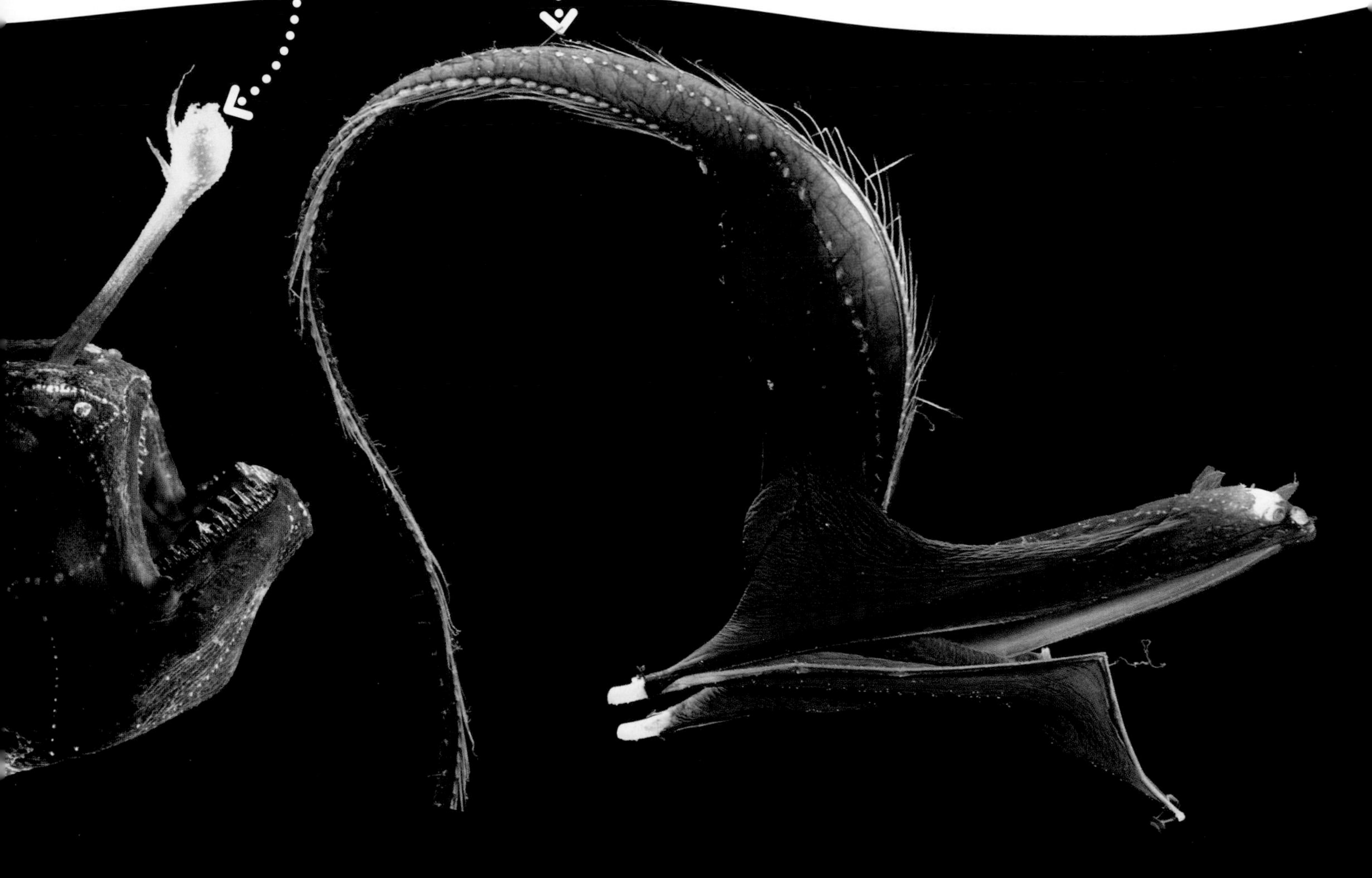

¿Por qué las anémonas no pican a los peces payaso?

Una urticante anémona marina puede parecer un lugar extraño para tener el hogar, pero el pez payaso tiene una capa viscosa que lo protege. Vivir en la anémona mantiene al pez payaso a salvo de los depredadores y, a cambio, mantiene limpia la anémona y aleja a sus enemigos.

Piel babosa

Todos los peces están cubiertos de baba, pero esta es 3 veces más gruesa en un pez payaso. Eso lo protege de la picadura de la anémona.

Enemigos

Los peces payaso defienden a la anémona que constituye su hogar. Ahuyentan a otros peces, como el pez mariposa, que comen anémonas.

¿Lo sabes?

1. ¿Por qué pican las anémonas?
2. ¿Hay otros animales que se protegen con baba?
3. ¿Son animales las anémonas?

Respuestas en las páginas 134-135

¿Qué otros animales pueden resistir el veneno?

La mangosta

La mordedura de una cobra suele matar a un animal pequeño, pero la mangosta, un tipo de mamífero, no se ve afectada por el veneno de la cobra, por lo que puede terminar comiéndose a la serpiente.

Ratel

Para robar la miel de una colmena hay que enfrentarse a abejas enfadadas, pero un ratel tiene la piel tan gruesa que no le molestan las picaduras.

Al escondite

Las anguilas y otros depredadores no pueden atacar al pez payaso cuando este se esconde entre los tentáculos de la anémona.

Limpieza

La anémona se alimenta de los excrementos del pez payaso y este, por su parte, limpia los tentáculos muertos y las sobras de comida de la anémona.

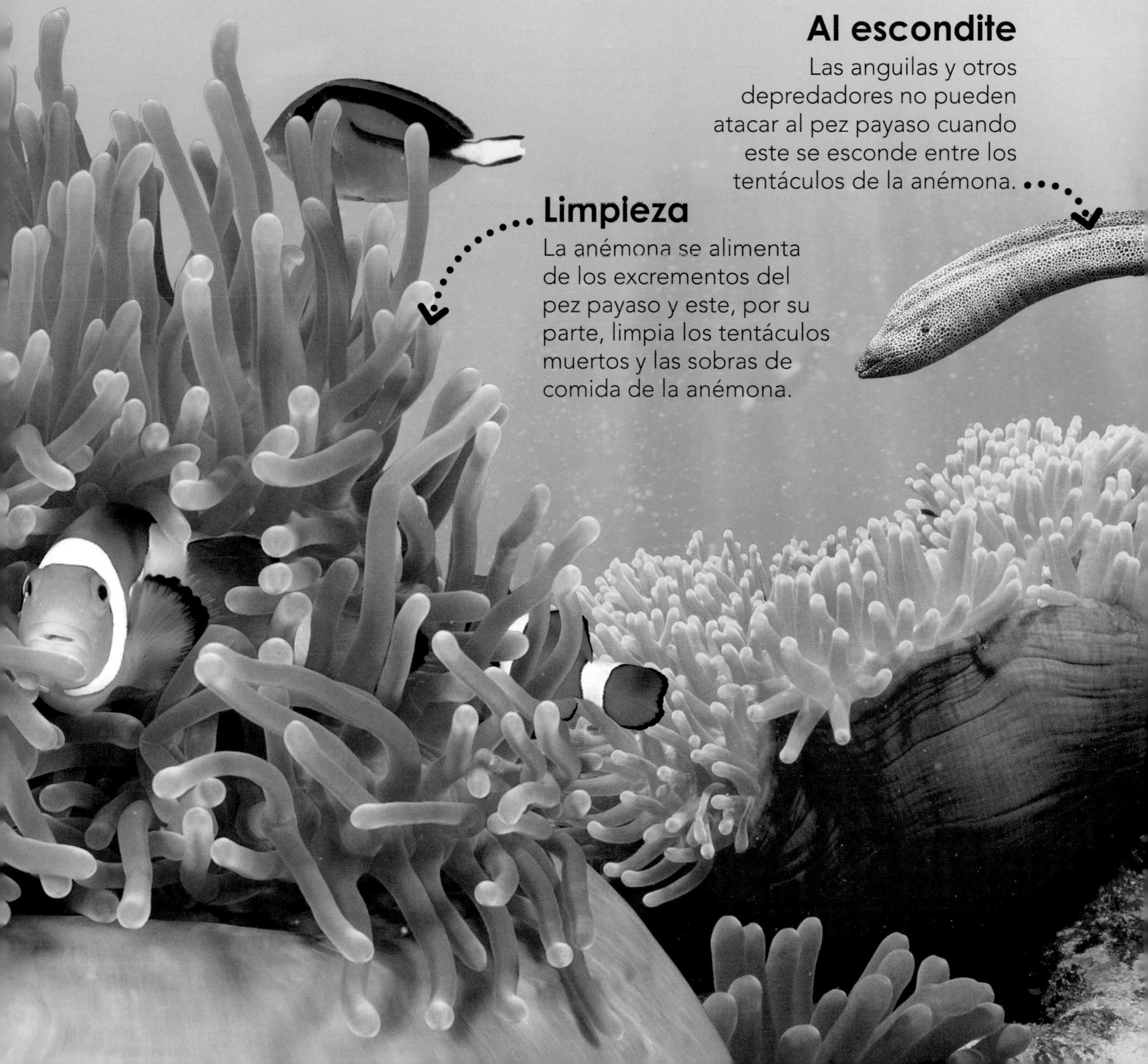

¿El cangrejo camina de lado?

Caminamos hacia delante porque nuestras rodillas se doblan hacia atrás, pero la mayoría de los cangrejos tienen el caparazón ancho y las articulaciones de sus patas apuntan a los lados. Les es más fácil caminar de lado.

Flexibles

Los cangrejos tienen varias articulaciones en cada pata. Cada una se dobla, como nuestras rodillas, y sus patas son muy flexibles.

¿Qué otros animales caminan distinto?

La raya murciélago

Las rayas murciélago tienen cuerpos aplanados parecidos a raquetas de tenis. Se valen de sus aletas para caminar por el fondo marino.

Los somormujos

El somormujo tiene los pies en la parte de atrás del cuerpo. Le son muy útiles para impulsarse en el agua, pero en tierra camina con torpeza.

Algunos cangrejos tienen «dientes» dentro del estómago para descomponer mejor la comida.

Ojos vigilantes

Este cangrejo fantasma tiene ojos especialmente grandes para detectar el peligro y estar preparado para correr.

Las patas a un lado

Un cangrejo tiene cuatro pares de patas en los lados y dos pinzas delante.

¡Qué imagen!

¿Qué serpiente se mueve de lado haciendo curvas en S?

Respuesta en las páginas 134-135

Líneas en la arena

Cuando un cangrejo corretea de lado sobre la arena, sus patas forman líneas que corren una junto a la otra.

¿Buscan sangre las pirañas?

Las pirañas tienen dientes afilados para comer carne. Muchas historias las describen como peces muy agresivos que atacan en grupo y despedazan a cualquier criatura, incluidas las personas. La realidad es que prefieren cazar otros peces y probablemente se reúnen en grupos por seguridad, no para cazar y matar.

¿Cierto o falso?

1. Las pirañas viven en América del Sur.
2. Todos los tipos de piraña comen solo carne.
3. Las pirañas son más activas de noche.

Respuestas en las páginas 134-135

Mordedura
Además de tener dientes afilados, las pirañas tienen mandíbulas extrafuertes, lo que las dota de una peligrosa mordedura.

¿Qué animales buscan la sangre realmente?

El vampiro
Este murciélago usa sus afilados dientes para hacer un corte en la piel de su víctima. Después lame la sangre que fluye de la herida. Tiene un sensor de calor en la nariz que le ayuda a localizar la sangre caliente de la víctima.

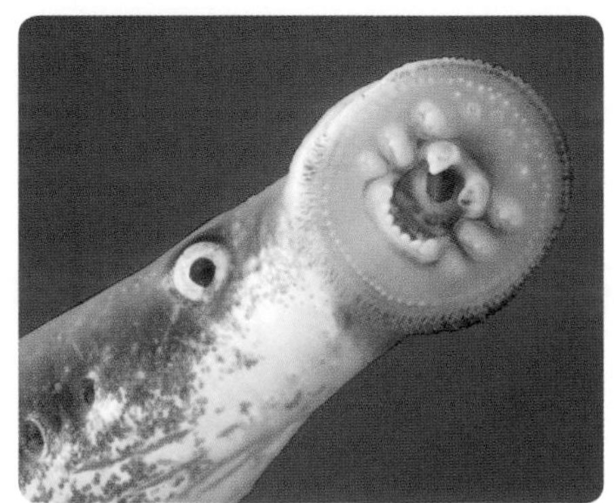

La lamprea
En lugar mandíbulas mordedoras, este pez tiene una boca circular con dientes también en círculos. La boca se adhiere al cuerpo de otro pez y le succiona la sangre.

Veloces

Como la mayoría de los peces, las pirañas obtienen gran parte de su impulso para nadar moviendo la cola de lado a lado.

Una piraña puede arrancarle el dedo de un mordisco a un pescador descuidado.

Seguridad en grupo

Las pirañas permanecen en grandes grupos llamados «cardúmenes». Esto las protege de los depredadores, ya que a estos les resulta difícil seleccionar una víctima de un grupo grande.

Respirar

Las ballenas, como estos cachalotes, para respirar deben subir a la superficie, donde pueden resultar heridas al chocar con los barcos.

Señales confusas

Las señales de los submarinos pueden interferir con la comunicación entre las ballenas, impidiéndoles sumergirse o alimentarse.

Sumergirse para comer

Los cachalotes pueden sumergirse más de 2 km, más que casi cualquier otro tipo de mamífero. En las profundidades, cazan su presa favorita, el calamar de aguas profundas.

En 1950, en el apogeo de la pesca de ballenas, los balleneros mataban 25 000 cachalotes al año.

¿Cuántas ballenas hay en el océano?

Los océanos son el hogar de muchos tipos de ballenas, pero la caza intensiva ha hecho que hoy haya menos ballenas vivas que hace un siglo. Muchas especies están en peligro de extinción, lo que significa que pronto podrían extinguirse por completo. Hay cientos de miles de cachalotes, pero quizá solo quedan 10 000 ballenas azules en el océano.

¿Lo sabes?

1. ¿Cuál es el tipo de ballena más raro?
   a) La ballena de Groenlandia
   b) El zifio de Travers
   c) La ballena jorobada

2. ¿Por qué las pescamos?
   a) Por su carne, su aceite y su grasa
   b) Por deporte
   c) Para abrir camino para los barcos

Respuestas en las páginas 134-135

¿Por qué un animal queda en peligro de extinción?

Caza

Si se caza a los animales más deprisa de lo que pueden reproducirse, su número disminuye. Los rinocerontes negros casi han sido eliminados porque los matan por sus cuernos.

Pérdida de hogar

El águila filipina vive en las selvas tropicales, pero la deforestación (la tala de bosques) ha reducido el número de lugares donde puede vivir y encontrar alimento.

En peligro de extinción

Estas son algunas de las especies de ballenas que están en peligro

Ballena azul

Rorcual común

Ballena franca glacial

Ballena franca del Pacífico Norte

Rorcual norteño

Insectos y más

Los animales sin columna vertebral, como los insectos, las arañas y los caracoles, se llaman «invertebrados». Son más numerosos que cualquier otro tipo de animal.

¿Por qué el zapatero no se hunde?

Otros insectos se ahogarían, pero el zapatero avanza rápidamente sobre el agua. Tiene en las patas unas almohadillas con pelos cerosos que evitan que se hunda. Sus patas comban un poco la superficie del agua, pero los pelos impermeables evitan que la traspasen.

Con sus pies, capta la vibración de insectos que se ahogan y acude a comérselos.

Patas traseras

Cuando el zapatero se desliza sobre el agua, usa sus patas traseras como timones para hacer giros a alta velocidad cuando persigue a sus presas.

¿Qué otros animales pueden moverse sobre el agua?

A la carrera por arriba

Este basilisco, de América Central y del Sur, es probablemente el animal más pesado capaz de caminar sobre el agua. Sus pies atrapan burbujas de aire que lo mantienen a flote, pero necesita correr rápido para evitar hundirse.

Colgando por debajo

La «piel» superficial del agua puede sostener a animales diminutos sobre el agua y debajo de ella. El garapito se cuelga de la superficie mientras recarga la reserva de aire que tiene bajo las alas. Utiliza ese aire cuando se sumerge en busca de presas.

Patas delanteras

Utiliza sus espinosas patas delanteras para atrapar otros insectos. Los zapateros tienen piezas bucales perforantes en forma de pico que contienen saliva venenosa, lo que deja a la presa incapaz de moverse.

Patas centrales

El zapatero usa sus patas centrales como si fueran remos. Con ellas, se impulsa por la superficie del estanque.

¿Lo sabes?

1. ¿Por qué la mosca, a diferencia del zapatero, se hunde en el agua?
2. ¿Por qué los animales que caminan sobre el agua son pequeños?
3. ¿Otros animales pueden caminar sobre el agua?

Respuestas en las páginas 134-135

¿Por qué bailan las abejas?

Se necesita mucho néctar para alimentar a toda una colmena, por lo que cuando una abeja encuentra flores ricas en néctar, comparte su hallazgo. Al regresar a la colmena, hace una danza para indicar a las otras abejas dónde están las flores.

Alas
La abeja produce su zumbido al batir las alas.

Todas juntas, las abejas de una colmena pueden visitar 40 flores por minuto.

La danza de las abejas

Al regresar a la colmena, la abeja hace una danza en forma de ocho, la cual comunica a las otras la dirección en la que deben volar para encontrar el néctar. Cuanto más rápida es la danza, más cerca está el néctar.

Esta es la dirección en la que las abejas deben volar en relación con el Sol.

Las demás abejas se congregan para mirar la danza.

¿Cierto o falso?

1. Todas las abejas son hembras.
2. Las abejas hibernan.
3. Las abejas necesitan néctar y polen para alimentarse.

Respuestas en las páginas 134-135

Libar el néctar

La abeja bebe el néctar de las flores valiéndose de su especial lengua peluda.

Saquillo de polen

Las flores producen pequeños granos de polen para hacer semillas. A las abejas les gusta comer polen. Lo recogen en un saquillo y lo fijan a una ranura de sus patas traseras para llevárselo a casa.

Aguijón

Las abejas usan su aguijón aserrado y venenoso cuando tienen que defender la colmena.

¿Qué otros animales bailan?

Araña pavo real

El macho de la araña pavo real, de Australia, baila en una danza colorida para impresionar a la hembra.

Ave del paraíso

Muchas tienen unas plumas muy coloridas. Los machos, como esta ave del paraíso de Pennant, bailan para atraer a las hembras.

¿Por qué el escarabajo pelotero recoge caca?

Tiene que haber una buena razón para hacer rodar una bola de estiércol 10 veces más pesada que tu cuerpo. El escarabajo pelotero recoge los excrementos de otros animales para comérselos y alimentar a sus crías. En ocasiones, la madre se monta encima de la bola de estiércol mientras el padre la empuja.

¿Qué otros animales limpian?

Sepulturero

Los escarabajos enterradores sepultan animales muertos y ponen sus huevos en ellos para que las crías se alimenten.

Sobras

Los carroñeros buitres se ocupan de la piel y los huesos que quedan de las cacerías de leones y otros depredadores.

Alas

Sus alas superiores son duras. Cubren un segundo par que utiliza para volar en busca de estiércol.

Mira hacia atrás

Hace rodar el estiércol con sus patas medias y traseras mientras el primer par se apoya en el suelo.

Cena de estiércol

La pareja de escarabajos trabajan juntos para enterrar la bola de estiércol. Luego, la hembra pone un huevo dentro. El bebé que eclosiona se da un festín de estiércol para hacerse adulto.

¿Lo sabes?

1. ¿Qué pasaría si no hubiera escarabajos peloteros?
2. ¿Cómo hacen una bola de estiércol?
3. ¿Cuidan de sus hijos los escarabajos peloteros?

Respuestas en las páginas 134-135

Excrementos preciosos

El escarabajo macho lucha contra otros escarabajos peloteros que intentan robarle la bola.

¿Por qué están tan atareadas las hormigas?

Nadie descansa en una colonia de hormigas. Miles de obreras cuidan del hormiguero: recolectan alimentos, cuidan de las crías y defienden la colonia. En el fondo, la reina también está ocupada poniendo huevos que serán nuevas obreras.

Una hormiga cortadora de hojas puede llevar 50 veces su peso corporal.

Hormigas obreras

Las obreras llevan los fragmentos de hojas sobre su cuerpo. Unas espinas de su espalda ayudan a soportar la carga.

Trozo de hoja

Después de cortar un trozo de hoja con las mandíbulas, una hormiga cortadora de hojas obrera se la lleva al nido.

En la colonia

Las hormigas reina son mucho más grandes que las obreras. Ponen todos los huevos de la colonia, y las obreras los cuidan.

Reina

Las hormigas guerreras son obreras de cabeza grande y fuertes mandíbulas. Su trabajo es defender la colonia.

Guerrera

Todas las obreras son hembras. Las obreras recolectan hojas para el nido y las más pequeñas cultivan hongos en las hojas para alimentar a la colonia.

Obrera

¿Lo sabes?

1. ¿Ponen huevos las hormigas obreras?
2. ¿Cuándo vuelan las hormigas?
3. ¿Todas las hormigas recogen hojas?

Respuestas en las páginas 134-135

Limpieza

Algunas obreras van sobre las hojas y se aseguran de que están libres de plagas.

Hongos

Las obreras llevan las hojas al nido. Las obreras más pequeñas cultivan hongos en ellas para que les sirvan de alimento.

¿Qué otros animales están gobernados por una reina?

Las termitas

Estos insectos de cuerpo blanco, parecidos a hormigas, construyen enormes torres de arcilla para albergar a su colonia. Una termita reina puede llegar a medir hasta 15 cm de largo.

La rata topo desnuda

Estos mamíferos africanos viven bajo tierra en sociedades gobernadas por una reina. Esta se aparea con uno o dos machos y, como las hormigas, sus hijas obreras no reproductoras cuidan de la madriguera.

¿Por qué los piojos viven en nuestro cabello?

Tu cabeza es un hogar cómodo para ciertos insectos, y puede incluso proporcionarles comida. Un piojo se agarra a tu pelo con sus patas y usa sus afiladas piezas bucales para perforarte la piel cuando tiene hambre y chupar tu sangre. Los piojos no pueden volar, así que se quedan en tu cuerpo y adhieren sus cápsulas de huevos a tus cabellos.

Magnificado

Los piojos miden entre 2 y 3 mm de largo. Esta imagen se ha ampliado unas 100 veces.

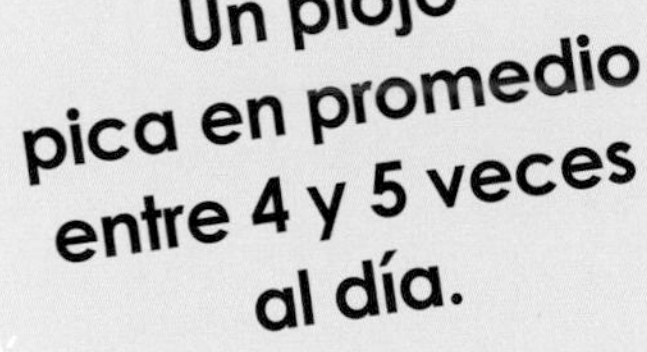

¿Qué otros animales pueden alimentarse de nuestro cuerpo?

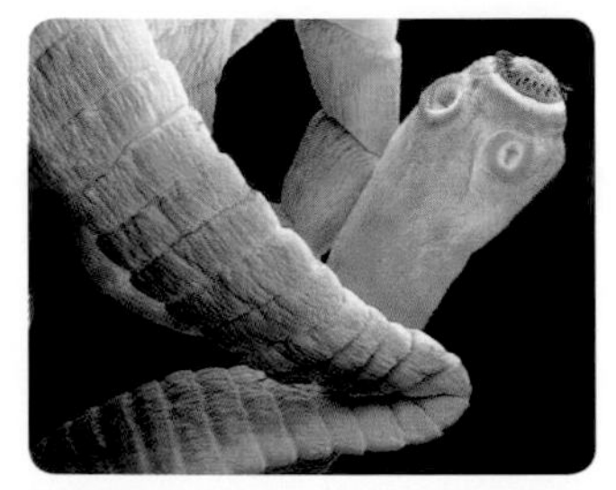

La tenia

Una tenia puede vivir en tu intestino, donde absorbe parte de los alimentos que digieres. Llega hasta allí si comes carne infectada con cápsulas de huevos de tenia. Algunas tenias pueden medir hasta 10 m.

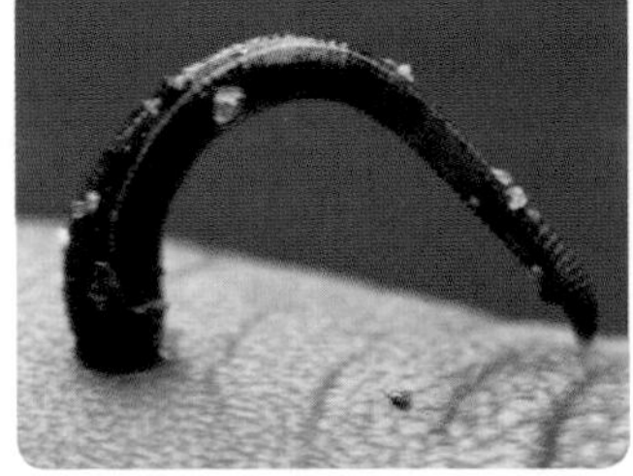

La sanguijuela

Las sanguijuelas son gusanos que se alimentan mordiendo la piel y chupando la sangre. Una vez llenas, se dejan caer hasta que el hambre las impulsa a encontrar una nueva víctima. Viven en el agua y en la tierra.

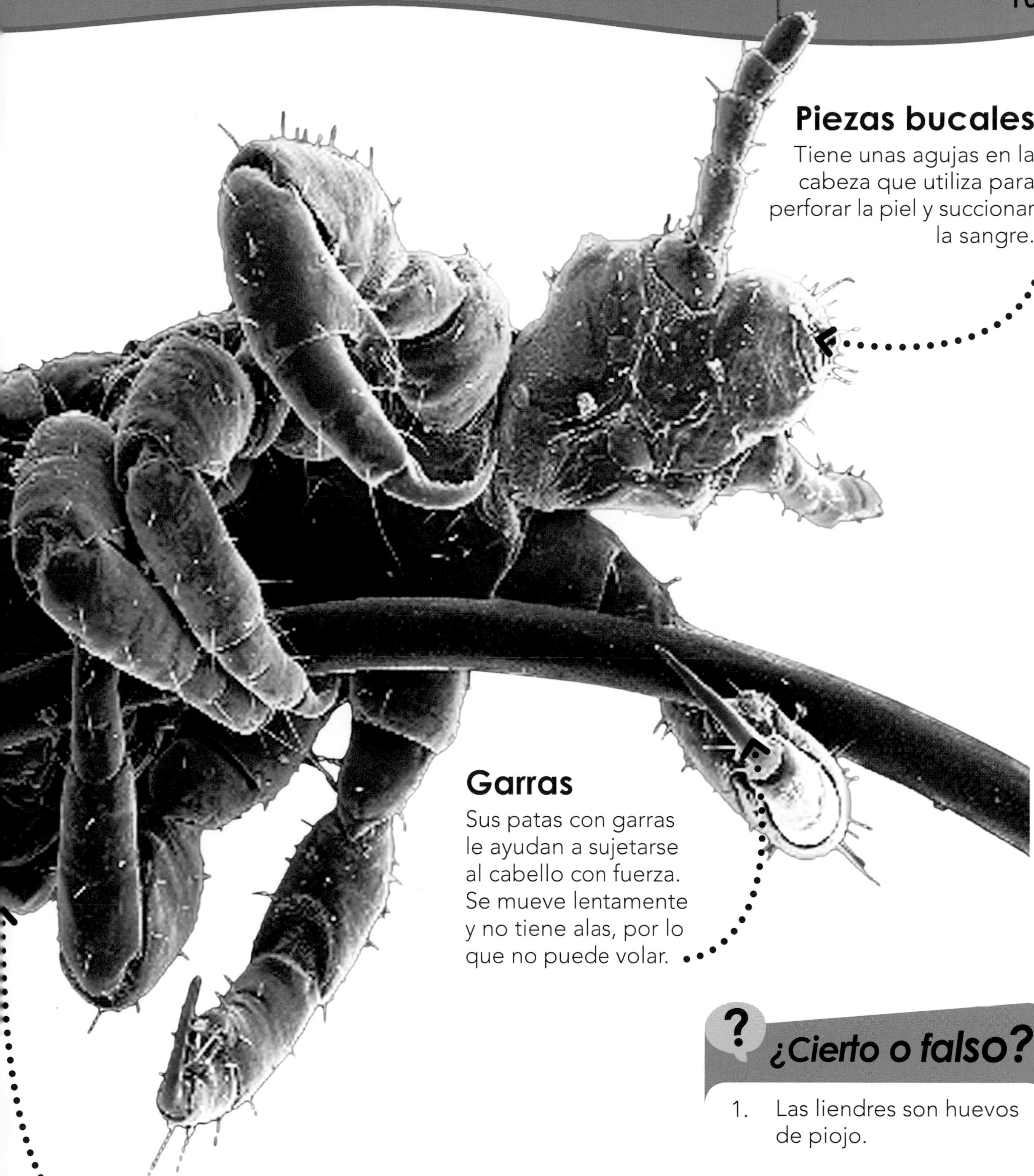

Piezas bucales

Tiene unas agujas en la cabeza que utiliza para perforar la piel y succionar la sangre.

Garras

Sus patas con garras le ayudan a sujetarse al cabello con fuerza. Se mueve lentamente y no tiene alas, por lo que no puede volar.

Cuerpo

Cuando el piojo se alimenta, su abdomen se hincha a medida que el estómago se llena de sangre.

¿Cierto o falso?

1. Las liendres son huevos de piojo.
2. Los piojos prefieren el pelo sucio al pelo limpio.
3. Los piojos pueden pasar de una cabeza a otra.

Respuestas en las páginas 134-135

¿Cómo hace su tela una araña?

Las arañas tejen sus telas con un hilo especial llamado «seda». Es más fino que un cabello humano pero más fuerte que el acero, y es perfecto para atrapar insectos desprevenidos. Las arañas crean redes casi invisibles entre las hojas y añaden unas masas pegajosas de las que nada que entre en la telaraña puede escapar.

Tejedora de orbes

La araña de jardín europea teje telas orbiculares, es decir, circulares. Construye una nueva cada día.

Hileras

La seda empieza siendo una sustancia viscosa en la parte trasera de la araña. Se segrega a través de unos conductos especiales llamados «hileras» en un proceso parecido a apretar un tubo de pegamento. Después, se endurece y se transforma en hilos de seda.

Cómo construir una telaraña

1. La araña libera un hilo de seda que la brisa mueve hasta que se fija a un objeto. Después la araña libera un segundo hilo para crear una Y.

2. La araña agrega más hilos de seda desde el centro hacia fuera. Estos son como los radios de una rueda y garantizan que la red tiene una estructura fuerte.

3. La araña hila una espiral de seda desde el centro hacia fuera para fortalecer la red. Luego va en sentido contrario agregando una espiral pegajosa para atrapar presas.

Red

Las telarañas orbiculares son complejas redes tejidas en lugares donde la araña sabe que los insectos suelen volar.

¿Lo sabes?

1. Las arañas ¿utilizan la seda para alguna otra cosa?
2. ¿Cuál es la teleraña más grande del mundo?

Respuestas en las páginas 134-135

Otros animales que usan trampas

La hormiga león

Una larva de hormiga león espera a su presa enterrada en un pozo de arena y usa sus grandes mandíbulas para atrapar a las hormigas que caen dentro.

La garceta negra

Las garcetas negras crean una sombra formando un parasol con sus alas. Esto atrae a los peces, que creen ponerse a salvo escondiéndose en la sombra.

¿Qué hay dentro de un caracol?

Los caracoles llevan su casa a cuestas. La cáscara protege su blando cuerpo y sus órganos vitales, como el corazón. Dentro del caparazón, el cuerpo del caracol está unido por un músculo a una cámara en espiral. A la primera señal de peligro, hace que se esconda.

¿Cierto o falso?

1. Una babosa es un caracol sin caparazón.
2. Los caracoles comunes son vegetarianos.
3. Algunos caracoles respiran usando branquias.

Respuestas en las páginas 134-135

El caracol común no es ni macho ni hembra: tiene ambos tipos de órganos sexuales.

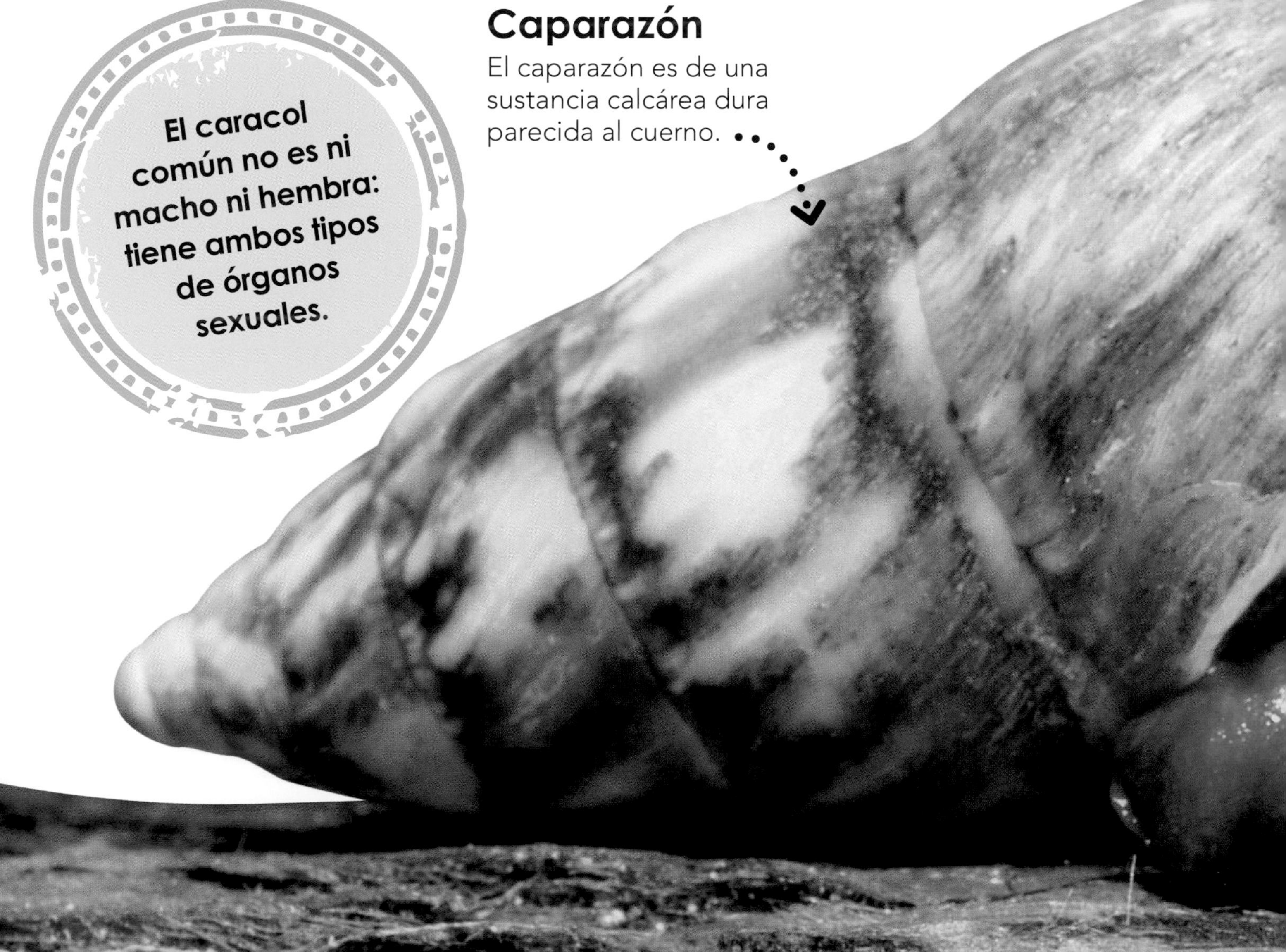

Caparazón

El caparazón es de una sustancia calcárea dura parecida al cuerno.

Ojos

El caracol común tiene los ojos en el extremo de dos tentáculos para ver qué sucede fuera del caparazón.

Pie musculoso

Tiene un solo pie para arrastrarse hacia delante, equipado con tremendos músculos para mover al caracol y a su caparazón.

Dentro del caparazón

Los órganos vitales de un caracol, como su pulmón y su corazón, permanecen ocultos dentro del caparazón. Solo sobresalen la cabeza y el pie musculoso, para que pueda moverse y percibir el entorno.

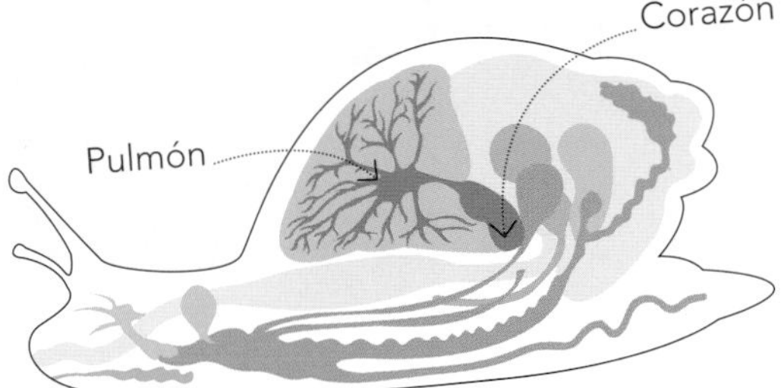

¿Otros animales llevan su casa a cuestas?

Las tortugas

Un caparazón es como una armadura para las tortugas. Algunas incluso pueden meter la cabeza y los pies dentro.

El cangrejo ermitaño

A la mayoría de los cangrejos les crece un caparazón duro, pero no a los cangrejos ermitaños, que usan caracolas vacías

¿Cómo halla a sus presas el mosquito?

No es raro que nos cueste mantener alejados a los mosquitos. Nos encuentran al detectar el dióxido de carbono que exhalamos. Cuando se acercan, se posan sobre nuestra piel cálida y sudorosa. Pero solo deben preocuparte las hembras, ya que los machos no beben sangre.

Un mosquito puede pasar entre 2 y 3 minutos alimentándose de sangre.

Antenas

Las antenas del mosquito hembra detectan el olor de una víctima. Los machos tienen antenas más peludas que sirven para encontrar hembras y se alimentan de néctar, no de sangre.

Piezas bucales perforantes

Las piezas bucales de la hembra son largas y afiladas para perforar la piel.

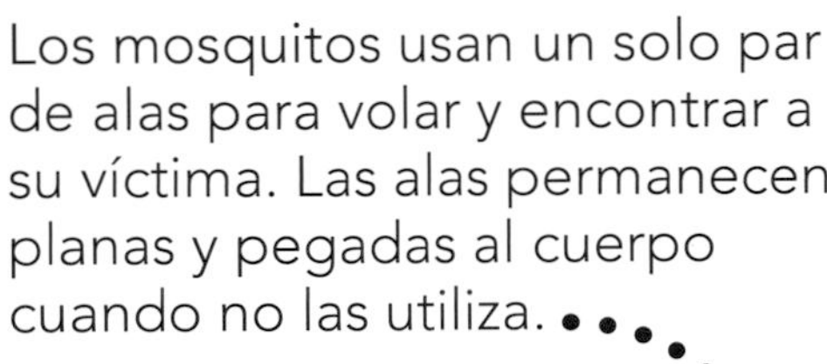

Alas

Los mosquitos usan un solo par de alas para volar y encontrar a su víctima. Las alas permanecen planas y pegadas al cuerpo cuando no las utiliza.

¿Lo sabes?

1. ¿Todos los mosquitos se alimentan de sangre?
2. ¿Pueden ser peligrosos los mosquitos chupadores de sangre?
3. ¿Por qué nos pica la picadura del mosquito?

Respuestas en las páginas 134-135

Sangre

Cuando el mosquito se alimenta, la sangre pasa a su estómago, lo que hace que su cuerpo se hinche y se vuelva rojo.

¿Qué otros insectos tienen supersentidos?

Las mariposas emperador

Las mariposas emperador macho son campeonas de olfato. Los machos pueden encontrar a una hembra aunque esté a 10 km de distancia. Más les vale: no viven mucho y solo tienen un mes para encontrar pareja.

El escarabajo del fuego

La mayoría de los animales huyen de los incendios forestales, pero el escarabajo del fuego no. Tiene sensores que lo atraen al calor y las llamas. Después, el escarabajo pone sus huevos en la madera carbonizada y muerta.

Cangrejo gigante japonés

El bicho más grande vive en el mar y respira mediante branquias. Necesita el agua para sostener su gran envergadura de 3,8 m.

El cangrejo más largo

Insecto palo de Chan

Es fácil no ver al insecto más largo del mundo. Su cuerpo mide 36 cm de largo, pero parece una ramita... hasta que se mueve.

El insecto más largo

Tarántula Goliat

La araña más pesada puede pesar hasta 175 g, pero su picadura no es más grave que la de una avispa.

La araña más pesada

¡Qué imagen!

¿Qué insecto tiene las alas más grandes?

Respuestas en las páginas 134-135

Weta gigante
El insecto más pesado es un grillo de Nueva Zelanda. Un weta hembra cargado de huevos pesa 3 veces más que un ratón.

El insecto más pesado

¿Cuáles son los insectos más grandes?

El mundo está lleno de pequeños insectos, pero algunos alcanzan enormes tamaños La expresión «el más grande» puede referirse a varias cosas. Podemos usarlo para referirnos a la longitud, la anchura o el peso de un animal. Los gigantes de esta página son los más grandes que existen.

¿Cómo canta el saltamontes?

Los fuertes chirridos de los saltamontes pueden llenar el ambiente en un día de verano. El macho canta para atraer a las hembras, pero no lo hace con la boca. La mayoría tienen pequeños peines en las patas y chirrían frotándolos contra sus alas. Los grillos cantan de manera similar: frotando sus alas entre sí.

¿Qué animales cantan?

Ballenas silbadoras

Las belugas cantan con tanta dulzura que se las ha llamado los «canarios del mar». Silban moviendo aire bajo sus espiráculos. Hacen esto para comunicarse entre ellas.

Ratón concertista

Se cree que algunos ratones macho cantan para atraer a las hembras. Si un ratón macho cree que hay una hembra cerca, cantará más fuerte. Pero es poco probable que puedas oírlo. Su canto es demasiado agudo para nuestro oído.

Sensores

Las antenas detectan olores y pueden ayudar a los machos a saber si hay una hembra cerca.

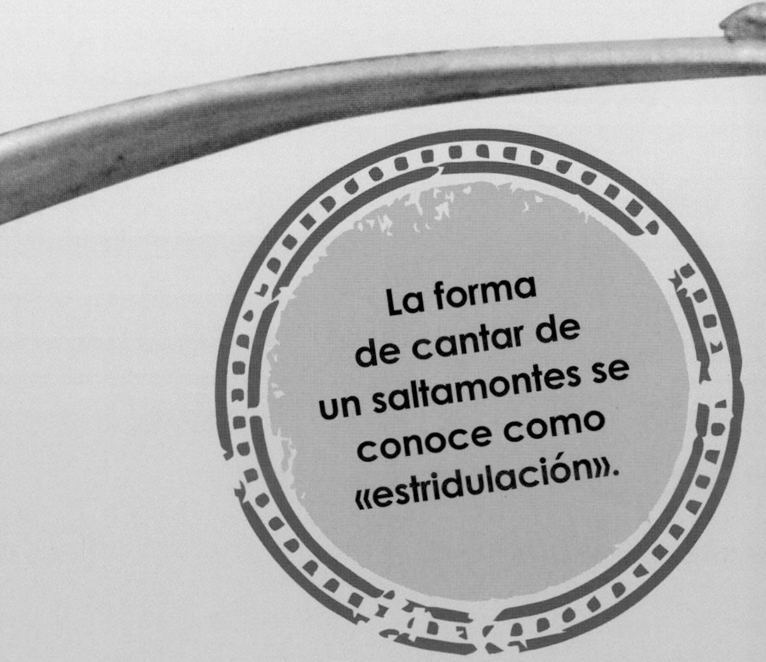

La forma de cantar de un saltamontes se conoce como «estridulación».

¿Lo sabes?

1. ¿Hay algún otro animal que produzca sonidos de la misma manera que el saltamontes?
2. ¿Todos los saltamontes hacen el mismo sonido?
3. ¿Cuáles son los insectos más ruidosos?

Respuestas en las páginas 134-135

Lima

Una cresta en forma de peine en cada pata trasera, llamada «lima», se raspa contra una parte del ala para producir el chirrido.

Raspador

Tiene dos pares de alas. El par frontal tiene raspadores, que emiten sonidos cuando las limas se frotan contra ellos.

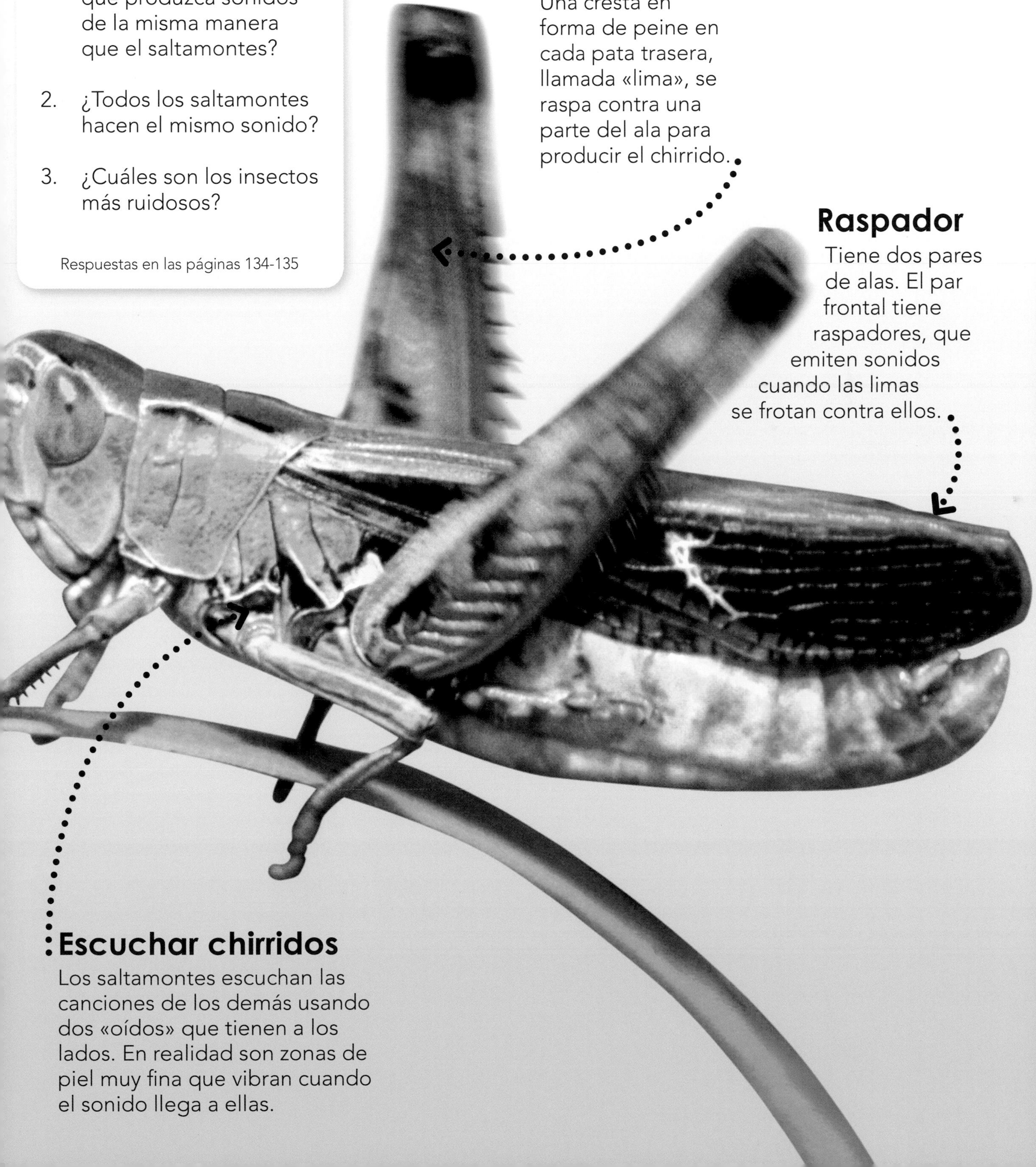

Escuchar chirridos

Los saltamontes escuchan las canciones de los demás usando dos «oídos» que tienen a los lados. En realidad son zonas de piel muy fina que vibran cuando el sonido llega a ellas.

Reptiles y anfibios

Los reptiles y los anfibios son animales de sangre fría. Los reptiles tienen la piel seca y escamosa, mientras que los anfibios son húmedos y viscosos.

¿Cómo camina el geco cabeza abajo?

Los gecos son pequeños lagartos con una habilidad asombrosa: pueden caminar por las paredes y, cabeza abajo, por los techos. Las almohadillas especiales que tienen en las patas les ayudan a adherirse a superficies lisas, como hojas o vidrio.

Dedos pegajosos

Los pelillos de la parte inferior de los dedos de un geco son tan pequeños que se necesita un microscopio para verlos.

Cuerpo ultraligero

La mayoría de los gecos no son más grandes que un ratón. Millones de pelitos pegajosos en los dedos les confieren suficiente agarre como para sostener su peso sin que se caigan.

Garras pequeñas

Los gecos tiene garras diminutas porque no las necesitan para agarrarse a superficies lisas y planas como paredes.

Patas especializadas

Los dedos de las patas de un geco terminan en anchas almohadillas con las que se aferran a las superficies.

¿Qué otros animales son buenos trepadores?

El íbice

Esta cabra vive en los Alpes, Europa. Sus pezuñas pueden abrirse hacia afuera, lo que les da un buen agarre en superficies rocosas casi verticales.

La mosca

Las moscas y otros insectos tienen almohadillas erizadas en las patas que les ayudan a adherirse a las paredes, igual que los gecos.

¿Lo sabes?

1. ¿Por qué los gecos necesitan trepar?
2. ¿Todos los gecos trepan por techos y paredes?
3. ¿A qué deben los gecos su nombre?

Respuestas en las páginas 134-135

¿Cómo cambia de color el camaleón?

El camaleón cambia de color tan fácilmente como tú guiñas un ojo. Lo hace moviendo unos pequeños cristales que tiene debajo de la piel. Cada color indica un estado de ánimo.

Rojo para exhibirse

El macho puede adoptar un color rojo parpadeante para mostrar que está excitado. Esto advierte a otros machos o puede atraer a las hembras.

El truco está en los espejos

Parte de su color proviene de unos cristales que tiene bajo la piel y que actúan como pequeños espejos, reflejando la luz. Cuando está excitado, los cristales se separan, y la piel pasa de verde azulado a rojo amarillento.

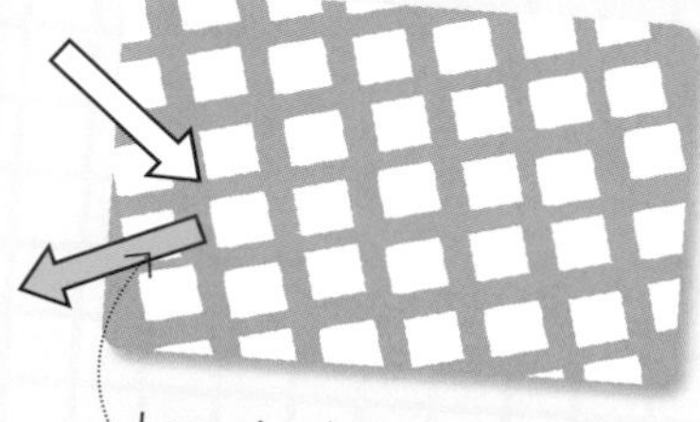

Los cristales más juntos reflejan más luz azul.

Los cristales más separados reflejan más luz roja.

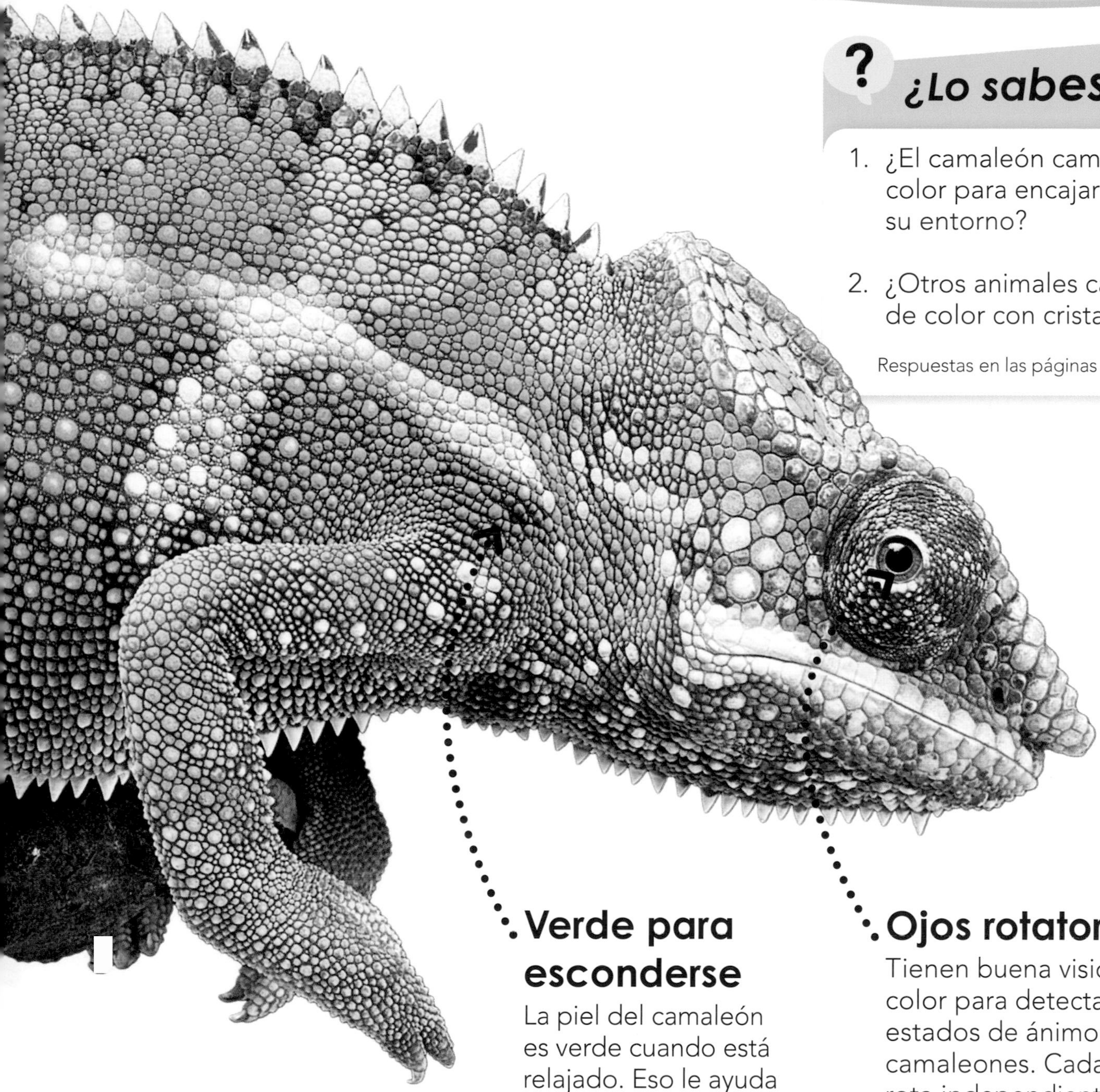

¿Lo sabes?

1. ¿El camaleón cambia de color para encajar con su entorno?
2. ¿Otros animales cambian de color con cristales?

Respuestas en las páginas 134-135

Verde para esconderse

La piel del camaleón es verde cuando está relajado. Eso le ayuda a esconderse entre las hojas.

Ojos rotatorios

Tienen buena visión de color para detectar así los estados de ánimo de otros camaleones. Cada ojo rota independientemente del otro.

¿Qué otros animales pueden cambiar de color?

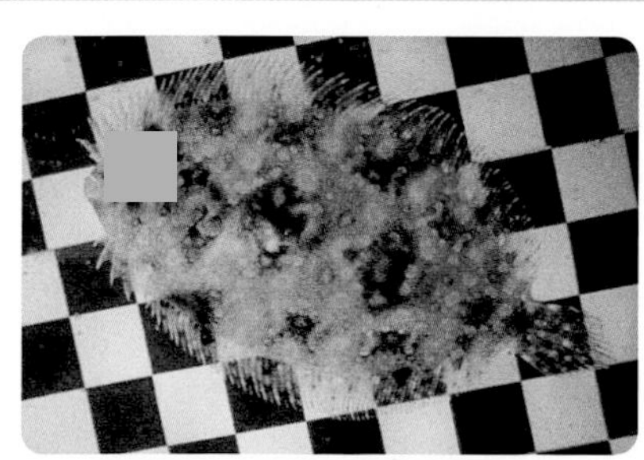

Los lenguados

A algunos tipos de lenguado, como a esta platija, se les da tan bien cambiar de color que pueden imitar la textura del fondo en el que se encuentran.

Escarabajo tortuga dorada

Este escarabajo puede cambiar de color, de dorado a rojo con manchas, para ahuyentar a las aves y a otros depredadores.

¿Por qué la serpiente saca la lengua?

Puede que parezcan groseras, pero las serpientes tienen una buena razón para sacar la lengua. Además de para saborear, su lengua sirve para captar olores, como el olor de las presas frescas.

¿Lo sabes?

1. ¿Todas las serpientes son cazadoras?
2. ¿Usan otros métodos para encontrar presas?

Respuestas en las páginas 134-135

Mirar alrededor
Las serpientes tienen una visión bastante buena, pero no suele ser suficiente para rastrear a sus presas.

Órgano de Jacobson

La lengua transfiere el aroma al área del gusto, llamada «órgano de Jacobson», que está en el paladar de la serpiente.

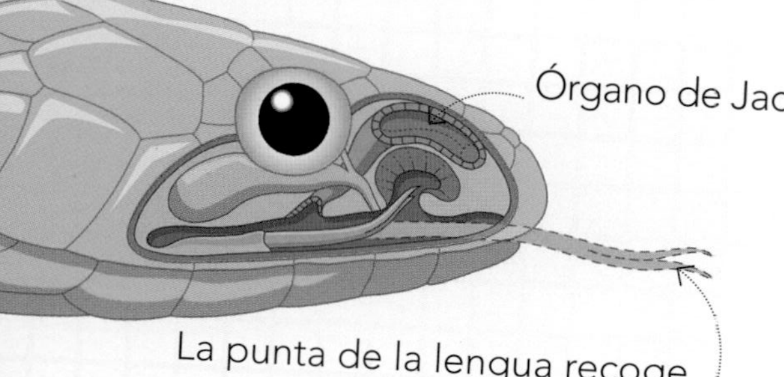

Lengua bífida

La punta bífida capta los olores que vienen de ambos lados, por lo que la serpiente puede saber de dónde proviene el olor.

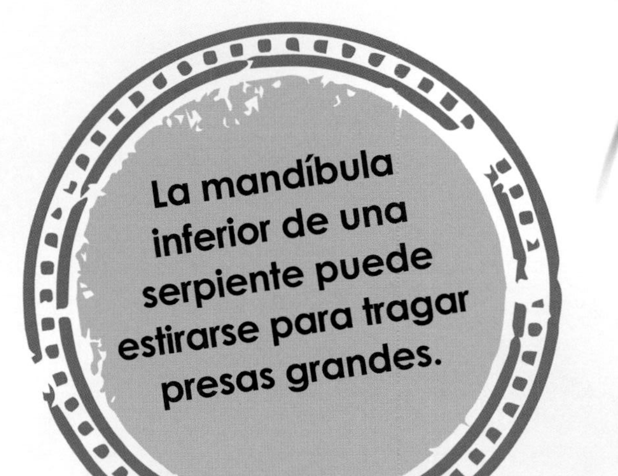

¿Para qué usan la lengua los animales?

Para refrescarse

Cuando un perro jadea y saca la lengua, la humedad de la superficie de esta se evapora. Esto le ayuda a enfriar el cuerpo.

Para acicalarse

Una lengua húmeda es como un trapo para limpiarse. Como todos los felinos, el tigre tiene diminutas púas en la lengua, por lo que también puede peinarse con ella.

Para cazar

El camaleón puede lanzar la lengua tan lejos y a tal velocidad que es perfecta para atrapar insectos. La punta tiene una ventosa, por lo que una vez capturada, la presa ya no puede liberarse.

¿Qué es un ajolote?

Es una especie de salamandra, un anfibio parecido a un lagarto que no crece. Otras salamandras comienzan su vida como renacuajos con branquias y después desarrollan pulmones para respirar en tierra. Pero el ajolote conserva sus branquias y pasa toda su vida en el agua.

Piel fina

La piel de un ajolote es tan blanda y fina que deja pasar el oxígeno directamente al torrente sanguíneo.

¿Lo sabes?

1. ¿Tienen esqueleto los ajolotes?
2. ¿Están los ajolotes en peligro de extinción?

Respuestas en las páginas 134-135

Agallas plumosas

Utilizan sus branquias plumosas principalmente para respirar en el agua, pero también para deshacerse de algunos de sus desechos corporales.

Los ajolotes se encuentran solo en dos lagos en las afueras de la Ciudad de México.

Regeneración

Los animales suelen poder reparar sus heridas después de una lesión, pero las extremidades de los ajolotes pueden volver a crecer por completo.

¿Qué otros animales no crecen nunca?

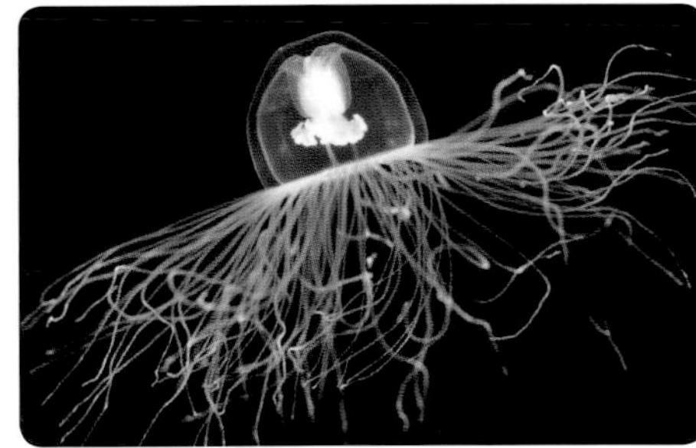

Medusa inmortal

Esta pequeña medusa puede anclarse en el lecho marino y volver a su forma infantil, similar a una anémona, y comenzar de nuevo. ¡Puede que viva para siempre!

Pulgones ápteros

Los pulgones son insectos que chupan la savia. Cuando hay mucha comida, tienen crías a las que no les crecen las alas, pues no necesitan volar para encontrar comida.

¿Por qué son tan coloridas las ranas punta de flecha?

Las ranas punta de flecha son de colores tan brillantes que parecen joyas en el suelo de la selva, donde viven. Pero sus colores no solo las hacen hermosas: también advierten a los depredadores hambrientos de que deben mantenerse alejados. Estas ranas pueden ser mortalmente venenosas.

? ¿Cierto o falso?

1. Todas las ranas punta de flecha son mortíferas.
2. Las ranas punta de flecha en cautividad pierden su veneno.

Respuestas en las páginas 134-135

Colores diferentes

Esta rana punta de flecha se llama «rana fresa» en algunos idiomas debido a su piel roja, pero algunas son amarillas o incluso azules.

Baba mortífera

Los venenos de la rana punta de flecha se encuentran en la baba que cubre la superficie de su cuerpo.

Dieta de insectos

Las ranas punta de flecha obtienen su veneno al comer ciertos tipos de pequeños insectos, como ácaros (en la imagen) u hormigas.

¿Para qué más utilizan el color los animales?

Para advertir

Las alas de una mariposa morfo son de un azul brillante en la parte de arriba. Un rápido destello de color al abrirlas advierte al depredador de que ya ha sido visto.

Para cazar

El color de una mantis orquídea coincide con la flor en la que se espera. Esto la ayuda a camuflarse para atrapar insectos desprevenidos que vienen a buscar néctar.

Los reptiles ¿tienen la sangre fría?

Hay más de 10 000 especies de reptiles y la mayoría de ellos está en los cálidos trópicos.

De los reptiles se dice que son animales de sangre fría, pero su temperatura corporal cambia según su entorno. En un día fresco, su sangre está fría, pero si se pone al sol, se calienta. Si una lagartija está muy fría, sus músculos son lentos y no puede correr.

Calentarse y enfriarse

Calentarse
A los reptiles les encanta tomar el sol. Utilizan el calor del sol para calentarse, lo que los hace más activos.

Enfriarse
Algunos reptiles pueden sobrecalentarse si están al sol demasiado tiempo. Los cocodrilos abren la boca para enfriarse. Pierden calor por el interior de la boca, igual que un perro al jadear.

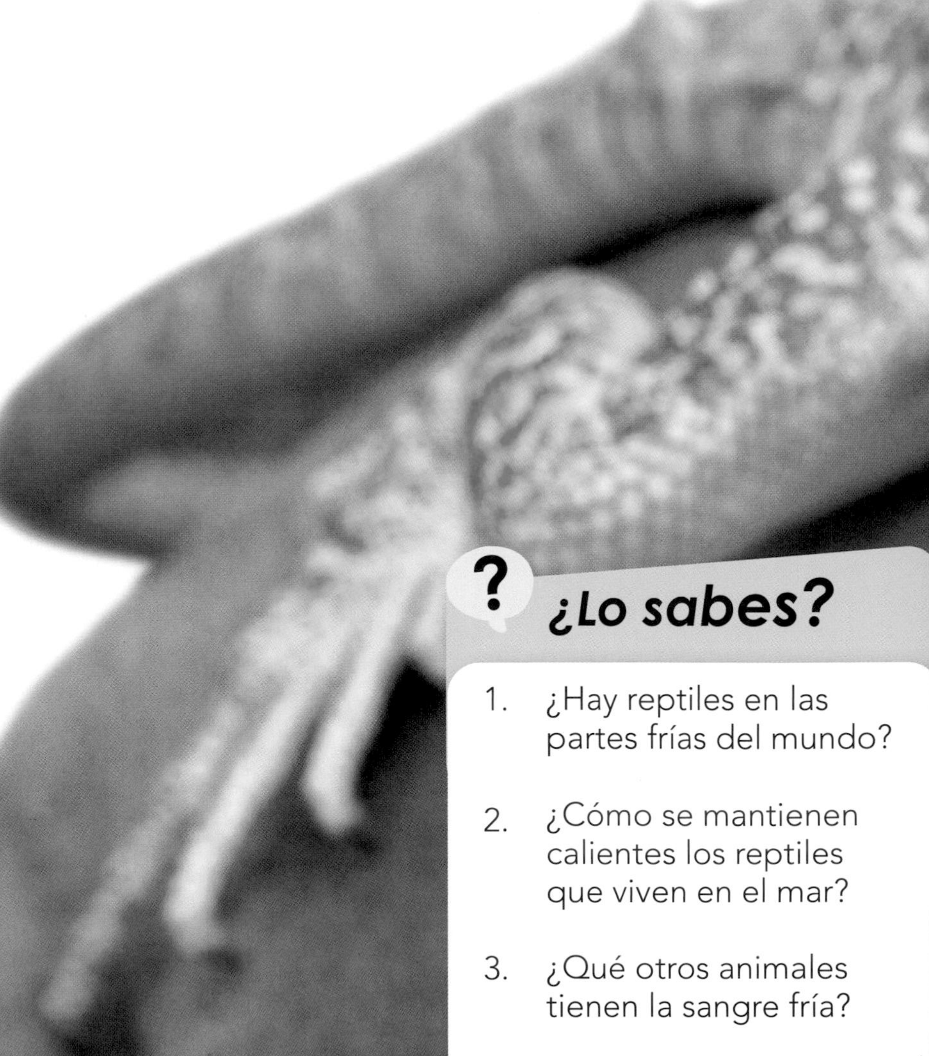

¿Lo sabes?

1. ¿Hay reptiles en las partes frías del mundo?
2. ¿Cómo se mantienen calientes los reptiles que viven en el mar?
3. ¿Qué otros animales tienen la sangre fría?

Respuestas en las páginas 134-135

Ojos para el día

Al estar activos durante el calor del día, los lagartos pueden usar la vista para encontrar comida y pareja. Algunos tienen una excelente visión.

Piel escamosa

Los lagartos y otros reptiles están cubiertos de duras escamas que impiden que su piel se seque bajo el sol.

Imágenes térmicas

Esta es una imagen térmica de un lagarto: una cámara especial muestra las diferentes temperaturas en diferentes colores. El sol ha calentado algunas partes de su cuerpo (anaranjadas), pero otras partes aún están frías (violetas).

Cama de sol

En las mañanas frías, los reptiles a menudo encuentran un lugar soleado, como la parte superior de una roca, para calentarse rápidamente. Así toman el sol.

¿Por qué las ranas son resbaladizas?

Si alguna vez has intentado agarrar una rana, sabrás lo resbaladiza que puede ser. Su piel segrega baba y evita que se seque, pero también ayuda a protegerla de infecciones. Algunas ranas tienen veneno en su baba para ahuyentar a los depredadores y otras la usan para hacer nidos.

Algunas ranas venenosas producen una baba mortal para los humanos.

Buen agarre

La baba que la rana tiene en los dedos la ayuda a adherirse a las hojas y ramas. La rana pone sus huevos en ramas altas para protegerlos de depredadores.

¿Lo sabes?

1. ¿Por qué serpientes y lagartos no son babosos?
2. ¿Producimos nosotros sustancias viscosas?
3. ¿Se le cae la baba a una rana cuando llueve?

Respuestas en las páginas 134-135

Espuma babosa

La rana arborícola japonesa bate la baba de su cuerpo para formar una espuma para sus huevos. La superficie exterior se endurece para proteger los huevos húmedos del interior.

Patas traseras

La rana usa sus patas traseras para sacar baba de su cuerpo y mezclarla con aire para formar pequeñas burbujas de espuma.

Renacuajos

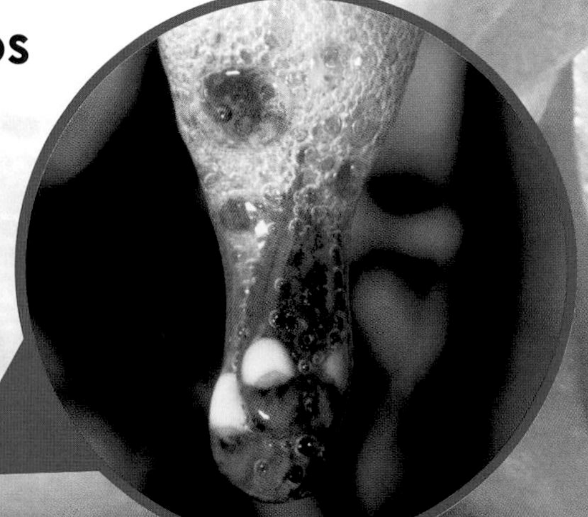

Los huevos se convierten en renacuajos, que caen al charco de agua bajo el nido, donde se convertirán en ranas.

Otras criaturas babosas

El caracol

La baba del caracol forma una alfombra resbaladiza que ayuda a que su pie musculoso siga deslizándose hacia delante y que deja un rastro revelador detrás.

El mixino

Este animal, el más delgado del mundo, usa baba para obstruir las branquias de los peces que quieren comérselo. Un solo mixino produce en minutos la baba que cabría en un cubo.

¿De verdad lloran los cocodrilos?

Los ojos llorosos no siempre significan que un animal esté triste. Los cocodrilos no lloran cuando les pasa algo malo, pero, como nosotros, derraman lágrimas para evitar que se les sequen los ojos. Las lágrimas también los ayudan a mantener los ojos limpios.

Piel escamosa

Los cocodrilos están cubiertos de escamas duras e impermeables.

¿Sienten emociones los animales?

La risa de las hienas

Cuando las hienas están asustadas o excitadas, hacen ruidos que suenan parecidos a la risa humana. Incluso se «ríen» cuando las atacan otros miembros de su grupo.

El duelo de los elefantes

Algunos científicos piensan que los elefantes sienten tristeza. Cuando muere un miembro de la manada, los elefantes se quedan un tiempo con su compañero muerto.

Vigilar

Los ojos de un cocodrilo están en lo alto de su cabeza, por lo que puede ver cuando el resto de su cuerpo está bajo el agua.

Lágrimas

Las lágrimas se forman en unas glándulas y fluyen a la superficie del ojo por pequeños conductos. Un tercer párpado especial extiende las lágrimas por la superficie.

Dale un mordisco

Cuando un cocodrilo cierra sus mandíbulas, la fuerza de la mordedura puede hacer que le salgan lágrimas.

¿Cierto o falso?

1. Los cocodrilos lloran cuando están tristes.
2. Los cococrilos marinos son los más grandes y los más llorones.
3. Muchos animales tienen tres párpados.

Respuestas en las páginas 134-135

Preguntas

1. ¿Qué pájaro tiene **el pico más grande** en proporción a su cuerpo?

3. ¿Qué animal produce **excrementos en forma de cubo?**

4. ¿Cómo produce su sonido la serpiente de cascabel?

5. ¿Qué pájaro puede **volar hacia atrás?**

6. Aparte de nosotros, ¿qué animal **duerme en un colchón?**

7. ¿Cuántos **corazones** tiene un **pulpo**?

8. ¿Ronronean todos los felinos?

9. ¿Qué animal pone los **huevos más grandes?**

10. ¿El **padre** de qué animal se queda **embarazado**?

¿Quién sabe más del mundo animal? Pon a prueba a tus amigos y familiares con estas difíciles preguntas.

Respuestas

1. El tucán.

2. Tienen entre **30 y 382 patas,** según la especie, pero ninguno tiene exactamente 100 patas.

3. El uómbat.

4. Su cola tiene músculos extrarrápidos para agitar las escamas huecas y sonoras de la punta.

5. El colibrí.

6. El orangután. Hace una blanda plataforma de hojas y ramas para dormir sobre ella.

7. Tres. Dos son para bombear sangre a través de las branquias y el tercero bombea sangre a los demás órganos.

8. Los grandes felinos (tigres, leones, jaguares y leopardos) no ronronean, sino que rugen.

9. Avestruz

10. Un papá caballito de mar recoge huevos fertilizados en su saquillo para que puedan crecer hasta **«dar a luz»**.